読みなおす日本史

大村純忠

外山幹夫

吉川弘文館

目　次

VI　教勢の発展と純忠の苦悩……一四三

Ⅶ　純忠の卒去とその歴史的位置

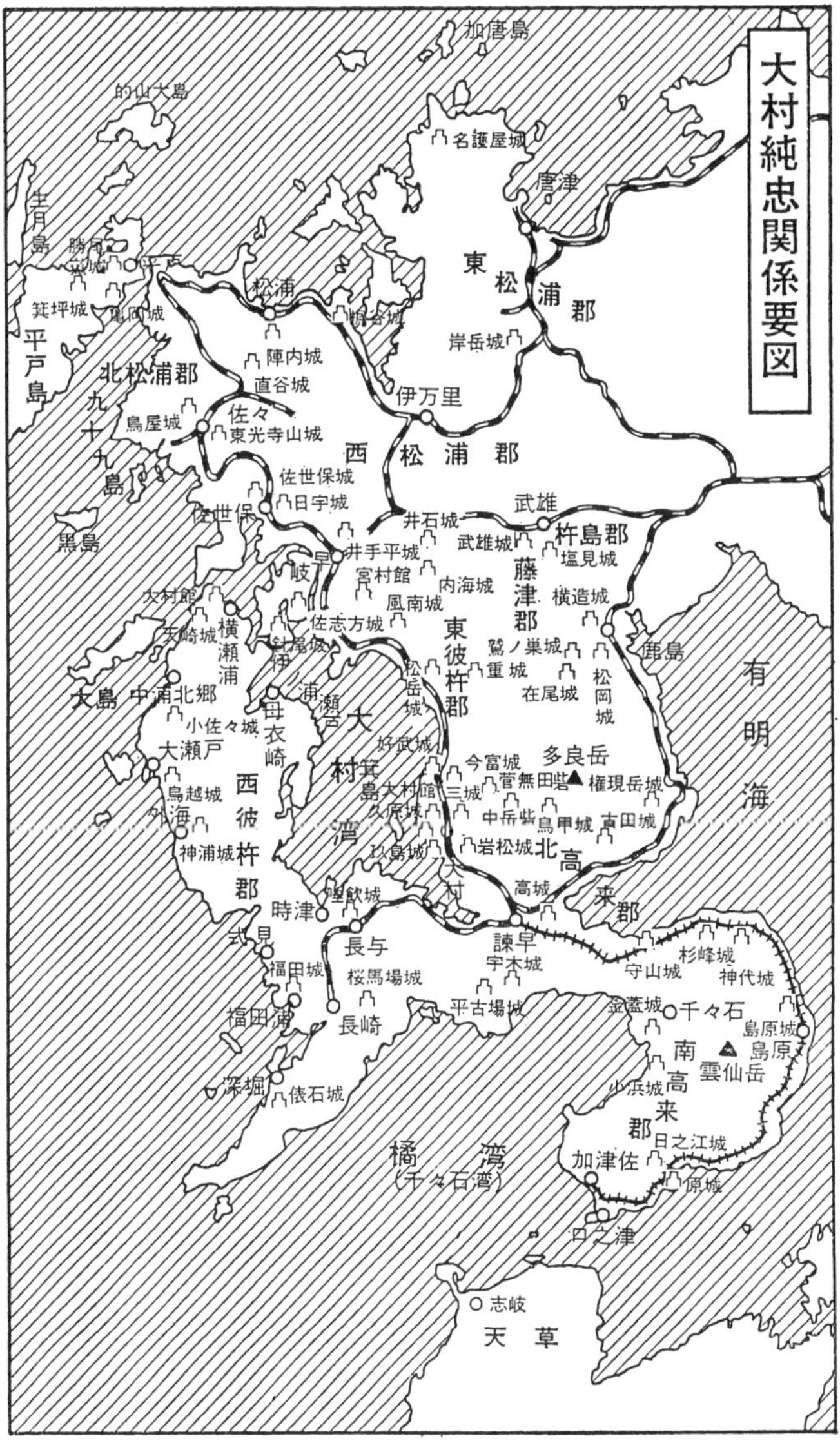
大村純忠関係要図
加唐島
的山大島
名護屋城
唐津
東松浦郡
岸岳城
生月島
平戸
平戸島
北松浦郡
松浦
陣内城
直谷城
伊万里
佐々
東光寺山城
鳥屋城
九十九島
黒島
西松浦郡
佐世保城
日宇城
佐世保
武雄
井石城
武雄城
杵島郡
塩見城
井手平城
宮村館
内海城
藤津郡
横造城
早岐
風南城
佐志方城
東彼杵郡
大村館
横瀬浦
天崎城
針尾城
伊ノ浦瀬戸
鷲ノ巣城
重城
在尾城
松岡城
松岳城
鹿島
有明海
大島
中浦北郷
小佐々城
母衣崎
大村湾
好武城
今富城
多良岳
大瀬戸
西彼杵郡
鳥越城
外海
神浦城
箕島
大村館
久原城
三城
菅無田砦
権現岳城
中岳砦
鳥甲城
吉田城
岩松城
北高来郡
玖島城
大村
高城
時津
長与
諫早
宇木城
守山城
杉峰城
神代城
式見
福田城
桜馬場城
平古場城
福田浦
長崎
金蓋城
千々石
島原城
南高来郡
島原
雲仙岳
深堀
俵石城
小浜城
日之江城
加津佐
原城
橘湾（千々石湾）
口之津
志岐
天草

Ⅰ　若き純忠の時代

純忠の生いたち

有馬氏の出自

大村純忠《おおむらすみただ》は、肥前国高来郡有間荘《たかきぐんありまのしょう》（長崎県南高来郡北有馬町・南有馬町）を本拠とする有間氏（のち有馬氏と改める）の出身である。

有馬氏の出自《しゅつじ》は、平将門《たいらのまさかど》とともに承平・天慶の乱（九三五―九四一）をおこして敗死した藤原純友とされている。そして、その孫の直澄《なおずみ》から六代目の経澄《つねずみ》が肥前国高来郡口ノ津《くちのつ》に下向して祖先となったとしている。しかしこれは疑わしく、在地出身の領主であったとみるべきであろう。

鎌倉幕府の事蹟を記した『吾妻鏡《あずまかがみ》』によると、寛元四年（一二四六）三月十三日条に有間左衛門《ありまさえもんの》尉朝澄《じょうともずみ》という者がみえ、かねて越中七郎左衛門次郎政員《まさかず》と肥前国高来郡串山《くしやま》郷（長崎県南高来郡南串山町）の知行を争っていたが、この日幕府で臨時の評定が行われ、朝澄の勝訴が確定したとある。これは有馬氏が、確実な文献に登場する最初のことである。有馬氏は平姓を称しているが、おそらく平家全盛期には、これに好《よしみ》を通じていたものであろう。鎌倉時代に入ってからは御家人《ごけにん》としての道を進め、本拠有馬荘のほか、右にみたように串山郷の地頭職《じとうしき》も得るなどして、領主制を進展させていたものと思われる。

南北朝時代に入ると、有馬氏は大村氏同様南朝方につき、そのため九州探題今川了俊《いまがわりょうしゅん》の攻撃を受けた。以後時代の進行とともに同氏の勢いは徐々に強まり、戦国初期までのうちには、ほぼ高来郡を手中におさめた。そして有馬貴純《たかずみ》は、しだいに藤津郡《ふじつぐん》方面へも進出していったらしい。

戦国期の有馬氏

戦国期に入り、同氏はさらに発展する。すなわち明応三年（一四九四）有馬貴純《たかずみ》は、肥前東部にあった少弐政資《しょうにまさすけ》と謀り、肥前東部の高木《たかき》・千葉・龍造寺《りゅうぞうじ》各氏を伴って伊万里《いまり》・山代《やましろ》らの下松浦諸氏を攻め、そのうちの一つ佐々氏の拠る佐々城《さざじょう》（東光寺山城、長崎県北松浦郡佐々町）を陥れてこれに打撃をあたえ、政資から恩賞として藤津郡内の村々と、白石・長島の地を与えられた。『歴代鎮西要略《れきだいちんぜいようりゃく》』は、このことが有馬氏の戦国大名としての発展の大きな契機であったという意味のことを記している。

有馬氏はその後、純忠の父晴澄《はるずみ》の天文《てんぶん》年間（一五三二―一五五五）にいたってさらに勢いをつよめた。高来郡にあっては本拠とする日之江城《ひのえじょう》のほか原城を持ち、安富《やすとみ》・安徳《あんとく》・島原・多比良《たいら》・千々石《ちぢわ》・神代《こうじろ》・志自岐《しじき》・西郷各氏を従え、藤津郡にあっては横造《よこぞう》・松岡両城を持って同郡内の抑えとしていた。

このほか、杵島《きしま》・彼杵《そのぎ》・松浦郡にも勢いをおよぼし、肥前のうち五郡を手中におさめた。そして天文十三年（一五四四）杵島郡に出陣した晴純は、松浦・大村・平井・多久《たく》・後藤・西郷・伊福《いぶく》・吉田・嬉野《うれしの》・深町《ふかまち》各氏からなる二万余騎を従え、千葉・龍造寺両氏と対峙《たいじ》するほどになっていた（『歴代鎮西要略』『北肥戦誌《ほくひせんし》』）。

しかし、天正年代（一五七三—一五九二）に入ると、佐賀の龍造寺隆信《たかのぶ》が急速に台頭し発展したため、純忠の兄で、晴純の後を嗣いだ義直《よしなお》は、守勢に立たせられ、その圧迫に苦しむことになるのである（有馬氏の系図については二三八ページ参照）。

純忠の生いたち

純忠はさきに述べたように、有馬氏を当時の肥前南部における最強の戦国大名に発展させた有馬晴《はる》澄入道仙巌《ずみにゅうどうせんがん》を父として生まれた。母は大村純伊《すみこれ》の女《むすめ》であったという。当時有馬・大村両家は抗争をやめ、晴純の叔母（実は貴純の養女）が大村純伊に嫁し、また純伊の女が晴純に嫁し、晴純の妹もまた純忠の養父大村純前《すみさき》に嫁すという事情で、両家の通婚は、きわめて頻繁に行われていたのである。

純忠の生年について、『藤原姓大村氏世系譜』『大村家譜《おおむらかふ》』『大村家覚書』はともに天文二年（一五三三）とし、『大村家記《おおむらけき》』は天正十五年（一五八七）に五五歳で卒去したとしている。逆算すれば、これも天文二年出生となり、生年について異説は存在しない。ただ月日についてはいっさい記すものがない。

出生地は、さきの『藤原姓大村氏世系譜』は、たんに有馬とだけ記している。有馬氏の持ち城としては日之江城（北有馬町）が古くからあり、戦国初期の明応頃、新たに原城（南有馬町）が築かれている。日之江城を同氏は本城とし、原城が支城であったと思われるから、純忠はおそらく日之江城で生まれたと思われる。

幼名勝童丸《かつどうまる》、元服して民部大輔《みんぶだゆう》に任ぜられた。長じて天文十九年（一五五〇）、一八歳で大村家に入嗣する。これを契機にしたものか、のち丹後守《たんごのかみ》に転じた。入嗣以前に純忠以外の名乗《なのり》を用いたことは知られていない。とすると、純忠の名乗は有馬家にあった当時からのものであったとみるべきで、入嗣によって名乗を改めたものでもなかったらしい。

兄弟姉妹についてみると、長兄に晴純の後有馬家を嗣いだ義直《よしなお》（のち義貞《よしさだ》）がある。純忠は義直の次弟にあたる。純忠にはさらに弟がいた。直員《なおかず》・盛《もり》・諸経《もろつね》の三人である。直員は同名の千々石《ちぢわ》直員《なおかず》の下に養子に行き、高来郡千々石《ちぢわ》（南高来郡千々石町）に住んだ。後年天正期ローマに赴いた千々石ミゲルは、彼の子である。盛は松浦丹後守定《さだむ》の養子となり、平戸に住んだ。そして末弟諸経は、志岐《しき》兵《ひょう》部《ぶ》少輔《しょうすけ》鎮経《しげつね》の養子となり、肥後天草《あまくさ》に住むこととなった。姉妹については記されたものがない。

彼らは当時としては珍しく同母兄弟であった。彼らは長じてのち、互いに抗争することがなかったが、この点幸せであった。

兄有馬義直の影響

純忠にたいして強い影響力をもったのは、兄義直である。たとえば、後に述べるように、純忠は受洗を前にして、熱心な仏教徒である義直の意向を気にし、義直がかくべつ不快の念を示さないのを知って安心している。元亀元年（一五七〇）の長崎の開港についても、純忠は最初反対したが、これを知った宣教師たちが義直にはたらきかけ、彼から純忠に開港するようはからわせ、純忠は兄の助言に従っている。また義直は天正元年（一五七三）、西郷純堯《さいごうすみたか》の隠謀を純忠に知らせて助けている。

義直について、宣教師ルイス＝フロイスはつぎのように記している。

肥前国は大きいので、そこには通常高貴で富裕な貴人たちが大勢おり、彼等の中で一頭地をぬいていたのは、高来の屋形義貞（義直の改名——筆者）であった。何となれば、彼の家は日本でたいそう古く、その上、彼の高貴な階級と家柄とのために、また彼の中に合わさっていて、彼の人柄と品格とをいっそう飾っていた稀《まれ》に見るもろもろの性質によって、おおいに重きをなしていた。すなわち、彼は日本の貴人たちには珍しく真実を愛する心旺《さか》んな侯であり、性質は温厚、正義の味方、所業完《まった》く、部下には極めて好まれ、その寛大な態度と気前よさとのために愛され、日本の詩歌に造詣《ぞうけい》深く、秀れた文章家、その治政に熟し、思慮深く分別あり、久しい以前から下《しも》の地方に居た最も賢明な人びとの一人である仙巌《せんがん》の正当な長男であり、彼は甚だ働き者であったので、彼がこの国の大部分を征服するに至って、肥前の貴人たちがおおいに尊敬と畏敬とをもって注目した勇敢な侯であった。（『日本史』）

としている。少々褒《ほ》めすぎの感がないでもない。

それにしても、義直はかなり学芸に通じていたらしい。純忠は、特にこの兄から種々の影響を受けたとみられる。

学芸の習得

戦いに明け暮れた戦国時代にあって、学芸を習得することは容易ではないが、純忠にはその素養があった。

まず挙げられるのが、謡曲《ようきょく》である。元亀三年(一五七二)七月、武雄《たけお》の後藤貴明《たかあきら》をはじめ西郷・松浦氏らの連合軍にとつじょ襲われ、包囲攻撃を受けた時のことである。拠城の三城《さんじょう》にいた純忠は死を覚悟して酒宴をひらき、自ら「二人静《ふたりしずか》」を謡《うた》い、それに合わせて重臣宮原常陸介純房が仕舞を舞ったという(『大村家覚書』)。

また天正四年(一五七六)純忠は宿敵龍造寺隆信《りゅうぞうじたかのぶ》と和睦し、女《むすめ》をその四男江上《えがみ》又四郎家種《いえくさ》に嫁がせた。この時純忠は、隆信の求めに応じて佐賀の隆信の下へ赴いた。そこで大酒宴となったが、その半ばで純忠は仕舞を舞い、その後夜を徹して大村に帰郷したという(同前)。自ら仕舞を舞い、謡うことができたのである。

純忠は書もかなりよくしたようで、今日彼の自筆書状がわずかながら残っているが、これはかなりの達筆である。なお、書状の内容について、詳しくは巻末付録「大村純忠の発給文書」を参照していただきたい。

こうした学芸の素養は、おそらく大村氏に入嗣する以前、有馬氏にあった当時体得したものであろう。詩歌の造詣深く、文章に秀れた兄をもつなど、学芸にたいして理解のある有馬氏の中で育つうちに、学芸を習得したと思われる。こうした純忠が大村家に入嗣したことは、当然大村氏の家臣たちにも影響を与えた。純忠の下で惣役をつとめた重臣宮原常陸介純房が、右に述べたように、三城で純忠とともに敵の襲撃を受けて死を決し、純忠の謡にあわせて仕舞を舞ったというのは、このことを示すものであろう。

純忠をめぐる周囲の情勢

戦国期の肥前で最大の勢威を誇ったのは、いうまでもなく龍造寺隆信である。龍造寺氏は、肥前国佐賀郡小津郷《おずごう》龍造寺村を本貫とするもので、肥前国の国司遙任《ようにん》制下の国府《こくふ》である在庁の役人、つまり在庁官人であった藤原姓高木氏の一族である。鎌倉時代龍造寺村の地頭《じとう》となり、以後発展したものである。

室町時代末期の宝徳二年（一四五〇）、大内教弘《おおうちのりひろ》に大宰府《だざいふ》を追われた少弐教頼《しょうにのりより》が龍造寺家氏《いえうじ》を頼って佐賀に亡命し、その庇護《ひご》下に入った。以後龍造寺氏は少弐氏を擁して発展を進めたのである。この間北九州に勢力を伸ばした大内氏のため、少弐氏は徐々に衰退を重ねた。

だが大内氏は天文二十年（一五五一）、とつじょ滅亡してその肥前にたいする重圧は解消した。そして龍造寺隆信は少弐冬尚《ふゆひさ》と不和に陥り、やがて永禄二年（一五五九）これを滅亡させ、遂に肥前最強の戦国大名へと成長したのである。

龍造寺隆信は龍造寺氏の庶家水ヶ江《みずがえ》龍造寺氏出身で、一時仏門に身を投じていたがのち還俗《げんぞく》し、その非凡の才能をもって惣領村中《むらなか》龍造寺氏をも併せて一族の中心となり、周囲の経略《けいりゃく》を進めた。その性質は残忍性をおびていた。のち天正期に入って純忠の最大の強敵となったのである。その人柄についてイエズス会の『天正十二年年報』は、

キリシタン教会の最も激しい敵であり、甚だ暴虐《ぼうぎゃく》な君主、キリシタンの迫害者である。（中略）戦争の策略及び個人の武勇によって名を著わし、（中略）所領は日本の諸王に劣らざるに至って大いに驕《おご》り、隣国の人より畏怖《いふ》せられ、また服従を受けた。（中略）この暴君は生まれは卑賤《ひせん》であったが、金銀を多く有し、その惨酷暴戻《さんこくぼうれい》なることによって知られ、平常甚だ安佚放縦《あんいつほうしょう》な生活をしていた

と記している。

つぎに肥前の領主として挙げねばならぬのは、平戸の松浦隆信《まつうらたかのぶ》・鎮信《しげのぶ》父子である。この平戸松浦氏はもと肥前西北部に割拠する松浦党《まつうらとう》の一庶家にすぎなかった。しかし戦国期隆信が出て、永禄六年（一五六三）惣領相神浦《あいこうのうら》松浦親《ちかし》を飯盛《いいもり》城（佐世保市相浦町）に攻めてこれを滅ぼし、一族間における主導権を確立した。これは隆信の個人的手腕と同時に、平戸を根拠とした南蛮貿易によって得た軍事経

済力を基盤としたことによるものであった。そしてやがて純忠と対峙《たいじ》することとなるのである。

さらに純忠の治世前期にとくに圧力をおよぼした者に、純忠の養父純前《すみさき》の実子で武雄の後藤氏に入嗣した後藤貴明《たかあきら》がある。彼は大村の反純忠派の者と内通して、純忠領内にしばしば侵入して純忠を苦しめるのである。

なおこのほか、諫早《いさはや》の西郷純堯《さいごうすみたか》と、長崎の南方深堀（長崎市深堀町）の深堀純賢《ふかほりすみまさ》もまた純忠にとっては頭の痛い存在であった。両者とも純忠の妻の実兄であり、とくに後者は純堯の実弟で深堀氏に入嗣したものであった。純堯は後藤貴明・松浦隆信らとともに純忠をたえず討とうとねらっていた。そして純賢はその夫人が龍造寺隆信の重臣鍋島直茂《なべしまなおしげ》の女《むすめ》である縁から、隆信の支配下にあって、純忠およびその家臣長崎純景《ながさきすみかげ》に圧迫を加えていた。

このように、純忠をとりまく環境情勢はまことに容易ならぬものがあったのである。

大村家相続へ

純忠相続前の大村氏

大村氏は、その出自について、藤原純友の孫直澄が正暦《しょうりゃく》五年（九九四）伊与《いよ》国大洲《おおず》から肥前国彼杵《その ぎ》郡大村郷に入部して土着し、大村氏を称して以後この地に発展したものといわれる（『大村家譜』

『大村家覚書』『大村家記』その他）。藤原純友の後裔《こうえい》であるとする点では有馬氏と同じであるが、これは江戸時代初期大村藩関係者の手によって創作された物語にすぎない。

むしろ大村氏は、古代の大村直《あたえ》の系譜につながるものではないかと思われる。そしてその後の大村氏の活動のありかた等からすれば、古代大和朝廷成立以前にあっては、現在の大村市から多良岳《たらだけ》をはさんで佐賀県鹿島市方面にかけて、大村市を首長とする部落国家が成立していたともみられる。

その後『長秋記《ちようしゆうき》』その他によると、前藤津荘司《さきのふじつのしようじ》平清澄《たいらのきよずみ》の子直澄《なおずみ》という者が、乱妨狼藉《らんぼうろうぜき》をとがめられて平正盛《まさもり》の追討を受け、元永二年（一一一九）十二月その首が京都に持ち込まれて河原にさらされた。この人物もまた大村氏の祖先に位置するものと思われる。この平直澄追討事件が藤原純友追討事件と置きかえられ、大村氏の先祖を「藤原純友の孫直澄」とする虚構が生まれたものと思われる（なお、詳しくは巻末付録「大村氏の出自と発展」を参照されたい）。

その後も大村氏は滅亡することなく、鎌倉時代に入ってからは幕府の地頭御家人となった。しかし西国御家人としての大村氏は、幕府からけっして優遇されることはなかった。『大村家譜』によると、大村忠澄《ただずみ》は大番役勤仕《おおばんやくごんじ》のため上洛中のある年、皇居を失火から守って時の帝《みかど》から賞せられたという。忠澄の実在は裏付けられず、ましてこのような活躍があったかはきわめて疑わしい。

しかし大村氏の家譜が、幕府との関係については寡黙である反面、朝廷との関係の深さについては右のように饒舌《じようぜつ》であることは注目すべきで、幕府から冷遇されていたことをうかがわせるものであろう。のち南北朝時代の大村氏が、鎌倉幕府を継承した室町幕府と対抗した南朝方についたのは、こうした事情によるものであろう。

鎌倉から室町時代の大村氏は、現大村市・鹿島市を中心として、一族が広く割拠していたらしい。南北朝から室町初期にかけて、彼杵荘の国人《こくじん》の小領主らが、深堀氏を一揆頭として彼杵一揆《そのぎいっき》を結成していた。ところが大村氏はこの一揆に加盟していない（「深堀文書」『大村家記』『北肥戦誌』）。深堀氏を中心とするこの地の北朝勢力が、南朝方の大村氏を意識して、同氏への対抗組織として結成された色彩が強い。したがって大村氏が、彼杵郡一帯に後年大名領国を形成発展させるためには、この彼杵一揆を解体し、その加盟者を家臣として糾合編成することが重要な前提条件であったのである。

しかし戦国期以前の大村氏は、むしろ彼杵郡の大村より、藤津郡の方を主な活躍の舞台としていた。藤津郡では大村方《おおむらがた》（鹿島市古枝）に館を構え、松岡城（同浜町）に拠っていたものが、室町時代になると蟻尾城《ありおじよう》（在尾城、同高津原）に拠るようになったらしい（『鹿島市史』上）。このころから小城郡晴気城《おぎぐんはるけじよう》（佐賀県小城郡小城町）に拠る千葉氏の攻撃を受け、大村氏はしばしば他に追われるようになった。ついで一六世紀に入ると、高来郡の有馬氏も藤津郡に進出することになり、大村氏にとって、藤津郡での領主権の維持はいっそう困難なものとなった。

こうしたところから大村氏は、純治《すみはる》の永正《えいしよう》年間から、藤津郡よりむしろ領主間の競合の少ない彼杵郡の大村に活躍の主な舞台を移したものと思われる。純治が大村に好武城《よしたけじよう》を築いたのにつづき、その子純伊《すみこれ》は今富城《いまとみじょう》を同じく大村の地に築き、ともに彼杵郡大村の地に住みついたらしい。その後純伊の嫡子純前《すみさき》をへて、やがてその養嗣子《ようしし》純忠が大村氏の家督となるのである。

異常な大村家相続

純忠はすでに述べたように、肥前高来郡日之江《ひのえ》城主有馬晴純《ありまはるずみ》の二男であって、大村氏に入嗣したものである。家督以外の者が他家の養子に出されるのはきわめて自然なことであり、現に純忠の弟らがそれぞれ千々石《ちぢわ》・松浦・志岐《しき》各氏に入嗣しており、純忠もこの慣例に従ったものであるといえばそれまでである。しかも実母が大村純伊《すみこれ》の女《むすめ》であり、そのうえ養父大村純前《すみさき》の妹にあたるところからすれば、入嗣もけっして不自然とはいえない。

しかしながら、大村家に男子がいなかったのかといえばけっしてそうではない。先代の大村純前には、又八郎《またはちろう》と称する男子が一人あった。ところがなぜか彼は家督につけられることなく、武雄《たけお》（佐賀県武雄市）の領主で実子のなかった後藤純明《ごとうすみあきら》の下に養子に出され、この後に純忠があえて養子に迎えられたのであった。後藤家を相続した又八郎は貴明《たかあきら》と名乗った。『大村家譜』は、その入嗣が天文十四年（一五四五）のことであったとしている。

いっぽう大村氏関係の諸書は、純忠の大村家督相続を天文十九年（一五五〇）とすることにおいて一致している。ところが中に、純忠は家督相続にさき立って、天文七年（一五三八）に大村家に迎えられ養嗣子となったとする説もある。しかしどうも、入籍と相続との間に一二年間もの時間的隔たりがあったとは考えられず、さらにこれを認めるとすれば、又八郎の後藤家入嗣相続の行われた天文十四年（一五四五）までの七年間、両者はともに大村で暮らしたという不自然な事態を承認せねばならず、あまり賛成できない。

純忠相続のなぞ

『藤原姓大村氏世系譜』『大村家記』は、ともに純前の死を天文二十年（一五五一）六月十五日としている。純前が卒去をひかえた天文十九年（一五五〇）、純忠に家督を相続させたとみられるが、それではなぜこうした不自然な相続が行われたのであろうか。

この点について『郷村記《ごうそんき》』萱瀬村《かやぜむら》項は、「（純前の）実子貴明は有馬純鑑《ありますみあき》（尚鑑《なおみ》――筆者）の計を以て武雄の領主後藤伯耆守純明《ほうきのかみすみあきら》の養子と成る」として、又八郎の後藤家相続は有馬純鑑の主導によってなされたとしている。そしてこの後に純忠が有馬氏から大村家に送り込まれたものとすれば、これら一連の相続は、有馬氏の後藤・大村両氏を服従させ、その勢力を拡充しようとする策の一環としてなされたものということになる。

いっぽう『大村家譜』は、武雄の後藤純明の家臣加々良《かから》氏が大村純前の下に来て、又八郎を後藤純明の養子にすることを願い出たことにたいし、大村純前もこれを許したのだとしている。後藤家の側からの積極的申し入れを説くものであるが、これも前の『郷村記』の記事とあわせて考えれば、有馬氏の指示の下になされたとも思われる。

フロイスは語る

これにたいして、ルイス＝フロイスはつぎのように記している。

十二、三年前に、大村領の正統な殿が逝去《せいきょ》した。彼には嫡子《ちゃくし》がなく庶子《しょし》が一人いただけであったから、大村の前領主の奥方も家老たちもその庶子が支配することを欲しないで、彼に後藤山という名の地を与え、そこに住めるようにした。そして有馬の国主《こくしゅ》は、下《しも》のもっとも高貴な殿の一人であったし、亡くなった大村の殿とは近親の間柄であったから、当大村領の奥方は、後にキリシタンになってドン＝バルトロメウと名づけられた人、すなわち有馬国主仙巌の次男で日本名を純忠と称する人に家を継がせることにした。日本人は、自分が支配する土地とか国の名を自分の姓名にする習わしなので、彼はそれ以後、大村殿と称した。家老たちや大村の領民はこれに満足したし、後藤（貴明）殿は、大村殿の友人として振舞い、また彼は大村殿を自分の兄と見なしていたから、数年の間、彼らはそうした平和のうちに過した。（『日本史』）

これによれば、純忠が大村家を相続した時は、すでに純前が一二、三年前に卒去した後のことであり、その入嗣については純前の後家及び老臣（後述）らの意志によって達成されたとする。

しかしこの記事内容は多くの疑問に満ちている。まず純前卒去の記事で、先述のように天文二十年（一五五一）に死去したとする『大村家記』などの記述と相違する。当時のありかたとして、一二、三年もの長期間にわたって家督不在ということは考えられない。また有《あり》馬《ま》晴信《はるのぶ》の妹であった純前の後家が、実家から純忠を迎えて大村の家督につけるという重要な決定を、老臣らと共に行うほど強い権限を持っていたとみるより、やはり、存命中の純前の意志で後嗣が決定したとみるべきではあるまいか。さらに、純忠の入嗣を老臣らが歓迎し、また後藤家に出された又八郎（貴明）が純忠と友好関係を保ったとするのは、ともに事実に反することは後に述べるとおりである。したがって、この点に関するルイス＝フロイスの右の記述は、ほとんど信じ難いといわねばならない。

ルイス＝フロイスは、この又八郎について、「一人の賤《いや》しき婦人または奴隷の一子」であるが故に、「王妃および執政《しっせい》等は庶子の国を継ぐことを欲」しなかったとも記している（同人永禄六年十月二十九日付書簡）。さらに『日本西教史』は、又八郎の母を中国出身の妾《めかけ》であったと記している。当時の社会にあっては、母の出身階層はそれほど問題にされたとは思われず、右の記述が仮に事実であったにせよ、家督につくことを拒まねばならぬ理由となったとは思われない。

日本側の史料

そこでわが国側の史料をみてみよう。又八郎（貴明）の母について、『大村家譜』は鈴田越前女《むすめ》としている。『藤原姓大村氏世系譜』はいっそう詳細であって、鈴田越前守藤原純種《すみたね》女とし、『寛政《かんせい》重修《ちょうしゅう》諸家譜《しょかふ》』もほぼ同様鈴田氏としている。

『大村家覚書』等によると、鈴田純種入道道意は大村純伊の姉婿でありながら、戦国初期の大村・有馬両家の合戦のさい純伊を裏切り、有馬方にまわって純伊の大敗の原因をつくった悪人とされている。それが純伊が大村を奪回した後は先非《せんぴ》を悔いて許され、有馬氏との和議に奔走したとされている。しかし『大村記』は、鈴田道意が謀叛したとは記していない。あるいは永正十一年（一五一四）の大村禅賢《ぜんけん》の敗北の時、何か謀叛したのかもしれない。

こうした鈴田道意の女を母とする又八郎の家督就任については、反対が多かったものと思われる。そのことがルイス＝フロイスら外人宣教師の記録に、母を右のように卑賤、または中国人として記述されることになったものと思われる。

そのさい、又八郎に替えて純忠を大村家の家督とする構想が、大村純前《すみさき》と有馬純鑑《すみあき》との間で浮かびあがったものと思われる。さきに触れたように、純前は有馬貴純《たかずみ》の娘を母として、異母兄良純を排して純伊の後を嗣いだ人物である。そしてさらにのち、有馬純鑑の女《むすめ》を夫人としている。純前と有馬氏とはこのように深い縁で結ばれている。このようにみてくると、有馬家出身の純忠が大村家に入嗣するのは、ある意味で自然であったということもできよう。

家臣団の分裂

純忠の大村家相続が、このようなものであったとすれば、大村氏の家臣の中にはこれを歓迎する者もあるいっぽう、また反発する者もあったと思われる。『郷村記』によると、大村家相続当時の純忠の地位はきわめて不安定であったとしている。そして家臣は新領主純忠派、清阿《せいあ》派、および後藤貴《たか》明《あきら》に心を寄せる貴明派の三派に分かれ、「家中一円治まら」なかったとしている。

清阿とは純忠の養父純前の兄良純《よしずみ》の法名で、純前と異なり、母が有馬家出身の人物でなかったため家督を相続できなかった人物である。これに従う一派が純前の養子純忠に好意を持つことができず、貴明派とともに反純忠勢力を形成していたものとみられる。彼らの目には、純忠の入嗣は、あたかも有馬氏の大村氏乗っ取り、制圧とさえ映ったのかもしれない。このため一部には純忠治世下の大村に留まることを潔《いさぎよ》しとせず、又八郎に従って武雄に去って行った者が一八氏におよんだという。

領主の一族が他家に入嗣するさい、数名の部下がこれに従うことは常であるが、これはやや多すぎ、自らの意志で去ったものとみられる。

ちなみに、又八郎に従って武雄へ去った者は、竹添越後《たけぞええちご》・小船串大和《こふなぐしやまと》・秋次越中《あきつぐえつちゆう》・森織部《もりおりべ》・朝長《ともなが》兵右衛門・福田筑前・都知木《とちぎ》伊予・公文《くもん》三郎兵衛・鈴田氏・山口氏・富永氏・土橋氏・一瀬《いちのせ》氏・田崎氏・木々津《ききつ》氏・喜多《きた》氏・貞松《さだまつ》氏・僧徳雲《とくうん》の面々であった。

こうした家臣団の分裂による純忠の地位の不安定な事態を憂慮した大村伯耆守《ほうきのかみ》、および朝長新左衛《しんざえ》門尉《もんのじょう》は、「只今《ただいま》の通り臣下の思ひ付も薄く候而《て》は、国家永続の儀《ぎ》斗難《はかりがた》し」とし、ひとまず萱瀬に身を隠して、事態の推移をうかがうよう純忠に進言した。そのため純忠は、一時萱瀬の切詰《きりつめ》城に籠った。

しかし三カ年の隠居生活にかかわらず、事態はいっこうに好転しなかった。このため純忠は、一時は有馬の実家へ戻る決意すらしたほどであった。

この間他の家臣は、さきの大村伯耆守・朝長新左衛門尉らが純忠を切詰城に隠居させて、大村家を専断しようと計っているのではないかなどと噂をしあった。これを真に受けた純忠は大いに怒った。そのためこの両人は、大村に居たたまれず、後藤貴明の下に逃れ去ってしまったという（『郷村記』）。純忠の地位の不安定、および家臣の動揺が著しかったことがわかる。このことは、純忠がのちキリスト教に入信したことを含め、彼の以後の言動をみるうえで注目しておかねばならない。

純忠の家族

純忠の夫人と側室

純忠の家族についてみてみよう。まずその正室《せいしつ》は、死去によって前後二人におよんでいる。最初の夫人は、諫早《いさはや》の領主西郷二郎三郎純久の女《むすめ》である。『大村家秘録』は「おえん様」と称されたとしている。彼女の長兄に西郷純堯《すみたか》、次兄に深堀純賢《ふかほりすみまさ》がいる。ともに大村純忠と対立抗争したことは別に述べるとおりである。それにもかかわらず、こうした位置にある女性を正室としていることは、やはり政略によるものである。

彼女は嫡子喜前《よしあき》の実母である。最初キリスト教に反対であったが、純忠受洗七年後の元亀元年（一五七〇）、喜前とともに受洗し、マリアの教名を得た（『大村キリシタン史料』）。彼女の生年、および純忠との結婚の時期などは明らかではない。

その後彼女は卒去し（年未詳）、純忠は後妻を迎えている。『大村家秘録』はこれについて、「井上氏の御息女京より御下り、シンボウ様と云」うとしている。京都の井上氏出身の人物としているが、あまり明らかではない。受洗してマグダレナの教名を得ていた。なかには純忠夫人はマリア・マグダレナであるとして、彼女を後妻とせず、最初からの夫人であったとする者もあるが、別人と考えたい。純忠にはこのほか、側室として一瀬氏女《むすめ》、湯川氏女、皆吉《みなよし》氏女らがある。後で記す彼女らとの間に得た子女は、いずれも純忠受洗後の出生である。これからすれば、純忠は受洗後も、なお蓄妾《ちくしょう》をしていたということになる。

四男七女の子福者

純忠の子女について、『大村家覚書』は四男七女であったとしている。大村家系図とも一致し、ほぼその正しいことを裏づける。

まず嫡子喜前《よしあき》は永禄十一年（一五六八・永禄十二年説もある）、さきに述べたように諫早の領主西郷純久の女を母として大村に生まれた。幼名新八郎。元服して初め喜純《よしずみ》と名乗ったが、のち喜前と改名した。生誕の翌々元亀元年（一五七〇）、母とともに受洗してドン＝サンチョの教名を得た。従五位下に叙し、丹後守に任ぜられた。有馬左衛門佐義純《ありまさえもんのすけよしずみ》の女を妻とした。

彼は幼少のころ龍造寺隆信の下に質にだされて苦労し、隆信の戦死によって帰国を許された。天正十四年（一五八六）秋ごろ、病に陥った純忠に代わって家督についたものと思われる。秀吉の命によって島津氏追討のため薩摩に赴き、さらに朝鮮に出陣した。帰国後の慶長三年（一五九八）玖島《くしま》城を築き、つづいて領内総検地を実施するなど、近世大名への道を進んだ。

慶長七年（一六〇二）キリスト教をすて、以後日蓮宗に帰依《きえ》する。このためか元和《げんな》二年（一六一六）玖島城内で毒殺されたという。

二男純宣《すみのぶ》については生没年ともに未詳。母は喜前と同じ。何右衛門尉《かうえもんのじょう》と称した。教名リイノがおそらく彼のことであろう。喜前に従い朝鮮に出陣した。大村本小路《ほんこうじ》に住んだ。慶長十二年の「御一門払」で、家臣中最大の知行高一六七六石四斗二升五合（『慶長高帳』）の知行地を半減され、のち嗣子《しし》なきためその家は断絶させられた。

三男純直《すみなお》。生年未詳。母は純忠の後妻井上氏の女。幼名善次郎。教名はセバスチャンとみられる。喜前に従い朝鮮に出陣し、功をたてた。後年伏見で家康に拝謁した。その風貌に感嘆した家康は、それにふさわしく右馬助《うまのすけ》と称すべしと命じたため、以後これで通したという。玖島城内に住み、元和四年（一六一八）七月十四日卒去し、本経寺《ほんきょうじ》に葬られた。

四男純栄《すみひで》。生没年未詳。母は井上氏女。吉助《きちすけ》と称した。教名ルイスとみられる。人柄については「天資俊麗」で、優れた人物であったという。幼少のころ、家康の質となって伏見に住まわせられた。この間家康の好意を受け、愛されたという。ただし早世した。

つぎに女《むすめ》についてみる。まず長女について、生没年ともに未詳。母は西郷純久の女であった。伊奈《いな》と称したが早世した。

二女は於福《おふく》という。生年未詳。母は長女に同じ。天正四年（一五七六）純忠が龍造寺隆信と和睦したのにともない、彼女は隆信の四男で、肥前須古《すこ》城主江上又四郎家種《いえくさ》の下に嫁した。政略結婚によるものであり、したがって家種卒去後大村に帰り、三城二の丸に住んだ。寛永九年（一六三二）正月十四日卒去し、長安寺《ちょうあんじ》（大村氏武部郷）に葬られた。

三女は生年未詳。母は側室一瀬氏であった。家臣長崎甚左衛門純景《すみかげ》に嫁した。純景は開港当時の長崎の領主としてあまりにも有名である。ただしその結婚の時期は明らかでない。元和八年（一六二二）二月十九日大村で卒去した。

四女は生年未詳。母は三女に同じ。千代女《ちよじょ》と称した。家臣で波佐見《はさみ》の領主渋江《しぶえ》十右衛門公種《きんたね》に嫁した。ただし結婚の経緯は明らかではない。慶安三年（一六五〇）七月二十五日大村で卒去した。

メンシアの運命

五女も生年未詳。生母について『藤原姓大村氏世系譜』は西郷純久《すみひさ》の女《むすめ》とし、『大村家譜』巻一は皆吉氏の女であるとして相違する。いずれとも断定できない。名は不明であるが、受洗してメンシアという教名を得ていた。平戸の領主松浦久信《まつうらひさのぶ》の正室となった。久信は松浦鎮信《しげのぶ》の嫡子である。

『大村家記』によると、喜前・鎮信両者が秀吉に従って島津氏追討に薩摩に出陣した時、鎮信が喜前にたいし、先年の約束どおり妹を嫡子久信の室に迎えたい、とあらためて申し入れた。喜前もこれを許した。そこで鎮信は薩摩よりの帰途大村の三城に立ち寄り、彼女を伴って平戸に帰国したという。彼女はキリシタン迫害時代に入ると、夫久信から棄教を迫られ、拒否すれば、離婚すると脅された。これにたいし彼女はひるまず、三人の子を残して大村に帰るとして兄喜前に使を送り、迎えを依頼した。このためついに久信も折れ、離婚を思い止まったという。

しかしその後、江戸幕府の政策の下で信仰を守ろうとする彼女は苦境に立たされ、ついに寛永七年（一六三〇）江戸広徳寺に移居させられ、二七年間蟄居《ちつきよ》したのち、明暦三年（一六五七）ここで没した（パチェコ＝ディエゴ「松浦久信室メンシア松東院」『キリシタン研究』一七輯）。もっとも、他に明暦二年（一六五六）卒去説もある。

六女は生没年ともに未詳である。井上氏の女を母とする。吉村杢兵衛尉正義《もくべえのじようまさよし》なる者に嫁している。この人物について『藤原姓大村氏世系譜』は加藤清正の寄客であるとするが、それ以上のことは不明である。

七女は生年未詳。母についても天窪《あまくぼ》氏女説と湯川氏女説があって一致せず、いずれとも断定できない。彼女は家臣福田半兵衛兼親《かねちか》に嫁した。福田氏は長崎に近い福田浦の在地領主で、兼親の父は忠兼《ただかね》、さらにその父は兼次《かねつぐ》で、教名をジョーチンと称し、彼の下で横瀬浦《よこせうら》壊滅後、純忠は福田浦をポルトガル貿易港として開いたのである。

Ⅱ　純忠の領国支配

純忠をめぐる人脈

戦国大名としての純忠の周辺には、どのような人物がいたのであろうか。いまそうした純忠をめぐる人脈についてみてみたい。

まず大村氏の一族についてみてみよう。

容貌魁偉の大村純種

大村徳純《のりずみ》の三男純方《すみかた》を祖とする大村氏一族である。純方《すみかた》の子が純次《つみつぐ》で、すでに純伊《すみこれ》の下で老臣に列せられている。大村中岳《なかだけ》原合戦で敗れた純伊に従い、加々良島に潜居したというが、これは疑わしい。のち純伊から佐世保村・宮村の両地を給せられた。純次には子がなく、純伊の九男純淳《すみあつ》を養子に迎え、いったん郡村鬼橋《こおりむらおにばし》に隠居したが、再び召されて純伊に仕えた。このとき三〇石の知行地を持っていた。

大村純種《すみたね》はこの純淳の嫡子である。生没年ともに未詳。同氏はさきに宮村の領主宮村通定《みやむらみちさだ》が一族間の内紛で滅亡したのち、先述のように純次が同地を純伊から給与されて以来、宮村を本拠としていたとみられる。

これほど大村氏惣領《そうりよう》家《け》と深い血縁に結ばれているにかかわらず、純種は永禄十二年（一五六九）純忠に叛き、後藤貴明に属した。その理由は明らかでないが、大村氏の領国中で北部に本拠を有したところから、貴明の積極的工作があったものかと思われる。純忠は純種を攻めたが、後藤貴明のほか、松浦氏の支援があり、容易に破ることができず、小佐々《こささ》弾正《だんじよう》純俊《すみとし》・大村源次郎純定《すみさだ》らが戦死する等のことがあった。しかしその後純種は純忠に降り、純忠もこれを許した。

天正七年（一五七九、もっともイエズス会の年報は同九年とする）、純忠は龍造寺隆信の命を受けて佐賀に七十数名の部下を伴い赴いた。純忠は登城して隆信と対座したさい、純種一人を従え、つぎの間に控えさせた。純種は無双の大男で、しかもすさまじい容貌をしていたので、純忠は彼を護身役に選んだのだという。

忠臣今道純周

大村純郷《すみさと》の三男純直《すみなお》から出たもので、その子純利《すみとし》が今道小路《いまみちこうじ》を開いたことから今道《いまみち》氏を称した。その子純経《すみつね》は加々良島潜伏中の純伊と苦労を共にし、その大村奪回にさいして渋江公勢の支援を得るよう工作したと『新撰士系録《しんせんしけいろく》』は述べているが、この点は疑わしい。その子純清《すみきよ》は病弱であったため、早く家督を純周《すみかね》に譲った。

純周は家督を嗣ぐと、父が公務戦功ともに少ないことを深く思い、父に代わって大村家に奉公することを心に誓った。純忠に認められて兄頭役《あにがしらやく》とされ、六町を給せられた。そして純忠の下にあって政務を輔佐《ほさ》し、軍事を評議し、秘計密謀《ひけいみつぼう》に与《あづか》り聞かぬことなく、また戦場にもつねに従った。純忠の最も信頼した側近の一人であったといえよう。

彼の初陣《ういじん》は天文年中（一五三二―一五五五）、純忠の先代純前が後藤純明と藤津郡で合戦したさい、一四歳でこれに従い、大木舎人《おおきとねり》という者を討って首級を上げたことであるという。純忠の下における主な実戦歴としては、永禄九年（一五六六）七月野岳《のだけ》に侵入した後藤貴明を迎撃したこと、元亀三年（一五七二）七月のいわゆる「三城七騎籠《さんじょうひちきごもり》」の一人として活躍して、純忠の危機を救ったこと、天正二年（一五七四）三月に西郷純堯《すみたか》が萱瀬《かやぜ》に侵入した時これを迎撃し、同じころ純忠に叛いた遠藤千右衛門を攻撃してこれを討ったことなどがあげられる。

天正四年（一五七六）龍造寺隆信が萱瀬に来襲し、松浦隆信・鎮信父子が川棚《かわたな》村三越《みつごし》に着船した。純忠は前後に敵を受けて防戦し難いと判断された。そこで純忠は純周《すみかね》を渋江公師《しぶえきんもろ》の下に遣わし、大村・松浦両家の和睦の周旋を依頼した。公師はこれを諒とし、純周とともに三越に到り隆信と会談した。純周は松浦家の老臣にたいし、龍造寺隆信は姦雄《かんゆう》であり、領土的野心に燃え、もし大村を滅ぼした暁には必ずや軍馬を貴家に向けるであろう。今貴家と合力して彼を防いでは如何《いかが》と説いた。先方はこれを容れたので両家はことなきを得た。

また天正年間（一五七三―一五九二）波佐見《はさみ》の福田丹波が純忠に叛いた。純忠は数日にわたって攻撃したが、容易に落城しなかった。そこで純周は純忠の密命を受け、丹波の弟薩摩を諭し、丹波を後藤貴明の下に走らせることに成功した。

こうしたことからすれば、彼はたんなる武将ではなく、兄頭役《あにがしらやく》にふさわしい智将としての側面も備えていたことがわかる。

天正四年（一五七六）純忠が龍造寺隆信と和睦したさい、彼は他の老臣らと共に和睦に反対した。これを知った隆信は純忠に、反対者の殺害を強要してきた。純忠はやむなくこれに従い、寺に参詣の途次にあった純周を家臣に襲わせた。彼は軽傷を負った後、長崎に逃れ、三年間ここに潜居した。天正十二年（一五八四）隆信戦死後帰国し、再度純忠の側近に連なった。

名門朝長純利

つぎに譜代《ふだい》の臣についてみてみよう。

正暦《しょうりやく》五年（九九四）大村氏祖直澄《なおずみ》が大村に入部するにさいして朝長氏はこれに従い、同じく入部したという所伝があるが信憑《しんぴょう》の限りではない。応永《おうえい》年間（一三九四―一四二八）に朝長《ともなが》右衛門太夫純《すみ》次《つぐ》という者があるが、詳細不明である。いずれにせよ朝長氏が、大村氏の譜代の臣であることは疑いない。しかも大村氏の重臣であったことは、純次の嫡子純泰《すみやす》の女《むすめ》が大村純治《すみはる》に嫁し、純伊《すみこれ》の母となっていることからも明らかである。

純泰の嫡子純俊《すみとし》は、純伊の近臣であったらしい。こうした大村氏との縁によってか、純俊の嫡子純《すみ》兵《へい》は、純伊《すみこれ》・純前《すみさき》の二代にわたって老臣をつとめた。その子純時《すみとき》の弟が伊勢守《いせのかみ》純利《すみとし》である。

彼は永禄四年（一五六一）から十一年までの間、純忠の下にあって惣役《そうやく》をつとめた。惣役は老臣のいわば筆頭の地位にあたるものであった。これを裏付けるべく、ルイス＝フロイスは彼について、「ドン＝バルトロメウの主席家老で、頑固《がんこ》な異教徒である伊勢守殿」（『日本史』）と表現している。熱心な仏教徒であった。宗教問題を別にすれば、彼は純忠の有力な輔佐役《ほさやく》の地位にあったことがわかる。

純利《すみとし》の周辺にも、純忠に近い人物がいく人かみられる。すなわち純利の弟新助（純安《すみやす》）は純忠の寵臣であり、早くキリシタンとなってドン＝ルイスと称した。針尾伊賀守とともに、永禄五年（一五六二）開港された横瀬浦《よこせうら》の奉行に任ぜられていたが、翌六年のクーデターにさいし、伊ノ浦瀬戸《いのうらせと》で針尾氏に謀殺された（『日本史』）。この他法印《ほういん》阿金《あごん》も朝長氏の出身であり、長崎町割《まちわり》奉行《ぶぎょう》をつとめた朝長《ともなが》対馬《つしま》守も一族であり、同氏の大村家臣団の中における位置がうかがえよう。

実戦型の一瀬栄正

一瀬《いちのせ》氏はもと越智姓河野氏である。大村氏祖直澄《なおずみ》が、伊予から大村に入部するのに従ったとの所伝を有するが、信憑の限りではない。大村氏譜代の臣であることは確かである。同氏は河野《こうの》と同音の甲《こう》野《の》をもって名字としていたが、戦国初期甲野栄龍《こうのひでたつ》が今富《いまとみ》城下田中屋敷に住んだことから田中氏と改名し、知行地八町を有した。戦国初期純伊に従い、有馬軍を迎え撃ったともいうが、これは疑わしい。

栄龍の子が栄正《ひでまさ》である。とくに彼が老臣その他の地位にあったことは伝えられていない。むしろ実戦型の人物であったようで、純忠の下にあって、主要な合戦にはほとんど出陣している。すなわち彼は永禄九年（一五六六）、後藤貴明《ごとうたかあきら》が野岳《のだけ》に侵入したさい防戦し、また同十二年宮村領主大村純種《すみたね》が謀叛を起こしたさいこれを攻め、天正四年（一五七六）龍造寺隆信が萱瀬《かやぜ》村に侵入した時今富《いまとみ》城を固めた。同八年深堀純賢《ふかほりすみまさ》の攻撃を受けた長崎純景《すみかげ》を援けに長崎に赴き、一瀬口《いちのせぐち》で功をたてた。よって純忠から一瀬の名を賜わり、以後一瀬氏と称することになったという。

北辺の勇将小佐々純正

つぎに国人《こくじん》領主についてみてみよう。

小佐々《こささ》氏は、近江源氏佐々木氏の一族太郎満信《みつのぶ》が肥前国小佐々村（長崎県北松浦郡小佐々町）に来住し、小佐々氏を称したのに始まる。その時期は明らかではないが、ほぼ室町前期と思われる。その後弾正《だんじょう》某が、応仁年間（一四六七―一四六九）小佐々村から多以良《たいら》村（長崎県西彼杵郡大瀬戸町）に移り、小峰《こみね》に城を構えたが、文明《ぶんめい》年間大村氏に臣従した。そして多以良村のほか、松島（同前）・七釜《ななつがま》・中浦（共に同郡西海町）・崎戸《さきと》・蠣浦《かきのうら》・江島《えのしま》・平島（共に同郡崎戸町）・三重村（長崎市）内二町・大村（大村市）内一町・彼杵《そのぎ》村（長崎県東彼杵郡東彼杵町）内五町を知行した。要するに同氏の本拠および所領の大半は、西彼杵半島北部にあったのである。

戦国初期純伊は有馬氏に敗れてのち、一時彼の下に寄寓した。さらに純伊の大村奪回にさいし、彼は兵船をもって川棚《かわたな》村（長崎県東彼杵郡川棚町）まで出迎え、功をたてたといわれるが（『大村家覚書』）、この点疑わしい。その子純俊の子が純正である。

彼は永禄十二年（一五六九）、平戸松浦氏が兵船二艘で崎戸を襲ったさい、防戦につとめ、敵将荒木内蔵丞《くらのじょう》・末次隼人《すえつぐはやと》を純正の部下が射殺し、船中の兵をすべて捕らえた。よって純忠から感状を与えられた。要するに同氏は、西彼杵半島北部における純忠の有力な支柱であった。

波乱の人長崎純景

長崎氏の出自はあまり明らかではないが、おそらく多治比姓戸八《たじひとはち》（戸町）氏の一族と思われ、鎌倉初期以来の長崎の在地領主とみられる。

純景《すみかげ》は左馬太夫純方《さまだゆうすみかた》の子で、弟が総兵衛重方《しげかた》である。桜馬場《さくらばば》城（長崎市夫婦川町・片淵町・鳴瀧町）の城主である。

純景はおそらく永禄六年（一五六三）、純忠に従って横瀬浦で入信したものと思われる。その夫人は純忠の女《むすめ》であり、血縁的にも純忠にきわめて近い位置にあった。天正年間（一五七三—一五九二）彼はしばしば深堀純賢《すみまさ》・西郷純堯《すみたか》の攻撃を受けたが、大村氏の援でこの苦難を乗り越えた。

だが純忠没後の天正十六年（一五八八）、長崎が秀吉の直轄地とされたため、やむなく純忠の嫡子喜前《よしあき》は、純景に時津《とぎつ》村（長崎県西彼杵郡時津町）に七〇〇石を代地として給しようとした。しかし彼はこれを受けず、筑後に出て田中氏に仕えた。種々含むところがあったものと思われる。多年をへてのち大村に帰り、横瀬浦に一〇〇石の知行地を得た。元和七年（一六二一）十二月十二日時津村で没した（『長崎名家略譜』）。

伝統的領主福田忠兼

平兼盛《かねもり》が治承四年（一一八〇）肥前国彼杵荘老手《おいて》・手隈《てぐま》両村（長崎市手熊町）の定使職《じょうしき》なるものに補《ぶ》任《にん》されたことから隈平三《くまへいぞう》と号したが、福田氏はこの人物を祖としている。

その子兼貞《かねさだ》は、鎌倉幕府から文治二年（一一八六）右両村地頭職に任ぜられたが、貴賀島《きがしま》（鬼界ケ島か）で討死したという。平氏一族でありながら幕府の追討を受けず、地頭・御家人とされ、他の平家残党追討のため薩摩鬼界ケ島に赴き戦死したという。もしこれが事実であれば、まことに幸運な豪族であるといえよう。

兼貞には子がなく、弟の兼信（包信《かねのぶ》）が後を嗣ぎ、福田平次と号し、以後同氏は福田氏を称するのである。兼信の所領に福田村はみえないが、その子兼俊《かねとし》の譲状に福田・手隈《てぐま》両村を記し、これが重代相伝の所領であるとしているところからすれば、兼信も福田村を知行し、それによって福田氏を称したものであろう。

その後兼重・兼光父子は蒙古《もうこ》合戦に出陣して功をたてた。南北朝期では北朝方として活躍した。室町期応永十一年（一四〇四）当時、兵庫允《ひょうごのじょう》兼家《かねいえ》は大村・白石両氏と対戦しており、この頃までは大村氏とは抗争関係にあった。

しかし戦国初期兼定当時は大村氏に接近し、そのころには大村氏と「無二の交を結」んだという。その孫左京亮《さきょうのすけ》兼次は、永禄年間純忠に「助力」したという。永禄十一年（一五六八）六月宣教師アレキサンドロ＝バラレッジオが福田に到着した時、これを歓迎した現地の領主ジョーチンこそ、この兼次にほかならない。『郷村記』は、兼次の子忠兼の時、はじめて大村氏の従者となったとしているが、むしろ兼次代からとすべきであろう。

忠兼とは、彼が純忠から偏諱《へんき》を授けられて称した名乗《なのり》で、純忠の信望の厚かったことを示している。天正七年（一五七九）福田村に近い樒《しきみ》村（長崎市式見町）の領主樒《しきみ》狩野介《かののすけ》が純忠に叛いた。そのため純忠は、忠兼にこの追討をはたさせた。よって彼は純忠から樒村の地を給せられ、福田城のほか、舞《まい》岳《だけ》城・宮尾城をも預けられた。忠兼の子が兼親で、純忠の女婿《じょせい》となった。純忠が福田氏と、その基盤とする福田浦を重視していたことを示すものであろう。

悲劇の人阿金法印

大村氏譜代の臣朝長氏の出身。出家して初め郡村《こおりむら》極楽寺の住持をつとめていたが、のち多良山金泉《たらさんきんせん》寺《じ》の住持となった。金泉寺の住持の地位の高さについて、ルイス＝フロイスは、「これら（九州の）諸国及び大村領の総大司教のようなものであった」（『日本史』）としている。いささか誇張もあるが、相当に高いものであったことがうかがわれる。

『郷村記』の記すところによると、彼は「智勇道徳」兼備の人物で、純忠はその「忠貞之器」を買って寵遇《ちようぐう》した。こうして彼は純忠の政務を輔佐《ほさ》し、軍事を評儀《ひようぎ》し、その「秘計密謀」にも与《あづか》らぬことはなかった。純忠の側近の一人であったことがわかる。おそらく老臣の位置にあったものと思われる。しかもその一方において、かなり腕も立ったらしい。ある時純忠は、とつぜん一族旧臣が叛いたため切詰《きりつめ》城に立籠った。衆寡《しゆうか》敵せず、純忠は自害しようとした。これを見た阿金《あごん》はそれを押し止め、自ら大手《おおて》城戸口《きどぐち》に向かい、長刀《なぎなた》で敵数十人を斬り伏せた。そのため寄手もついに恐れ、囲みを解いて去ったという。

ところが天正二年（一五七四）キリシタンが蜂起し、寺社を焼打ちし、僧侶を殺害した。これよりさき純忠は阿金を三城に招き、キリシタンになるようしきりに勧めた。阿金は一応これを受諾したよう粧い、城を辞去するや、ただちに観音寺の本尊千手観音および昊天《こうてん》大明神、極楽寺本尊毘沙門天《びしやもんてん》などの神体を背負い、黒丸《くろまる》海浜から海路川棚《かわたな》に着岸し、虚空蔵岳《こくぞうだけ》の嶮路を越え、嬉野《うれしの》（佐賀県藤津郡嬉野町）に赴き、同所で神体を守護して三一年間を送り、慶長十年（一六〇五）同地で六四歳をもって客死したという（『郷村記』）。天正二年（一五七四）以前における純忠の側近として忠実な部下であった。

敬虔なアフォンソ＝デ＝ルセナ

ポルトガル出身の宣教師。天文二十年（一五五一）生まれ。永禄八年（一五六五）イエズス会に入会した。コチン（インド）・マカオ（中国）をへて天正六年（一五七八）七月来日。この時暴風のため乗船は壱岐に着いたが、のち平戸をへて大名に入る。以後慶長十九年（一六一四）、禁教のためマカオに追放されるまでの足掛け三七年間、短期の不在を除いて大村に在住し続け、純忠・喜前の側近にあって布教とその深化のため活躍した。したがって彼は純忠の晩年、およそ十カ年をその下ですごしたことになる。

天正二年（一五七四）以後純忠は、全領民にキリスト教への入信を強制したため、ルセナが大村に入部した時、領民は少なくとも形式的にはすべてキリシタンとなっていた。そして何よりも純忠の暖かい庇護の下にあった。ルセナとしては、教化活動には恵まれた環境にあったということができる。だが当時、純忠は龍造寺隆信の圧迫に苦しんでいた。ルセナはそうした純忠を激励し、よき相談相手となり、嫡子喜前の教育係でもあった。

この間彼は、長崎の教会領寄進（天正八年）を見、さらに天正十年（一五八二）の遣欧使節派遣にも何らかの形で関与したはずである。また純忠と感情的なしこりのあったガスパル＝コエリヨとの関係の調整に苦労したこともあった。そして純忠の死にさいし、壮厳な葬儀を行った。その後喜前が棄教するにおよび、大いに当惑するのである。

領国支配のしくみ

一二名の老臣

純忠に代表される戦国大名大村氏は、その領国をどのように支配していたのだろうか。この点について、まずその領国支配のしくみからみてみよう。

家臣の最高位にあって、大名大村氏を補佐するものが老臣である。これは純忠の先々代の純伊《すみこれ》の治世、つまり戦国初期ごろから設置されたことがわかる。そして純忠治世の時期には一二名にのぼった（ルイス＝フロイス永禄六年十月二十九日書簡）。この中にも序列があったようで、朝長伊勢守純利《すみとし》は、その中の主席の位置にあった（『日本史』）。

早く純伊時代の老臣として、大村氏一族の大村山城守《やましろのかみ》純次《すみつぐ》が知られ、また純伊・純前《すみさき》の二代の下で老臣をつとめた者として、譜代の臣朝長純兵《ともながすみへい》が知られる。そして純忠当時の老臣としてさきに述べた朝長純利のほか、庄頼甫《しょうよりすけ》があげられる（『新撰士系録』）。

純忠は永禄十二年（一五六九）に日本布教長コスモ＝デ＝トルレスが大村領内に来たとき、さっそく「評議会」（村上直次郎氏訳）を召集し、その領内に彼が入部したことを明らかにし、できるだけ長くトルレスが領内に滞在するようはからい、また教会を建てるための土地を彼に与えたいが、いかがかと諮《はか》った。これにたいし一同は賛成した（永禄十二年七月三日無名の一ポルトガル人の書簡）。この「評議会」とは、おそらく老臣の会議であろう。

そもそも純前の実子又八郎が後藤家に出され（貴明《たかあきら》）、代わって純忠が有馬家から養嗣子に迎えられたのも、老臣らの意志を純前がとり入れた処置であった。

要するに老臣は、大名大村氏の側近にあって、嗣子の決定、その他領国統治に関する重要事項の審議を行う審議機関であった。

ところが純忠の場合、この老臣との関係が必ずしも緊密でなかった。永禄六年（一五六三）七月、老臣らは純忠が自分たちに何の相談もなく先祖の宗旨を改め、純前の像（位牌ともいう）を焼いたとして憤慨し、ついに純忠を殺害して後藤貴明を大村の領主に迎えようというクーデターを起こしたことは、後述するとおりである。

惣役と兄頭役

つぎに大村氏の下にあって、権力の中枢を構成し、領国支配の実務にあたる執行機関が惣役《そうやく》と兄《あに》頭役《がしらやく》であった。この二つの役職の相違はあまり明らかではない。

ただ後者については、「組侍《くみざむらい》は支配し、兼ねて政事を聴《き》くの役」と『新撰士系録』は説明している。あえて憶測すれば、惣役がその名称に示されるように、領国統治全般をつかさどるものであったのにたいして、兄頭役は、主として家臣統制にその主要任務があったというべきであろう。いずれも、ともに老臣の中から選出されるものであったようである。このため審議機関と、執行機関の区分が十分なされていない実情となっている点、つぎに述べるとおりである。

これを具体的人物についてみると、さきに述べた純伊・純前の二代の下で老臣をつとめた朝長純兵《すみへい》の子孫である朝長伊勢守純利は、純忠の下にあって主席老臣であるとともに、永禄四年（一五六一）から同十一年（一五六八）までの八年間惣役をつとめている。その子純基《すみもと》も、同じく純忠の下で惣役であった。このように、老臣・惣役などに任ぜられる家格がある程度固定し、また世襲化されていた。兄頭役《あにがしらやく》としては、純忠時代一族の今道純周《いまみちすみかね》が任ぜられていた。彼は「政務を輔佐《ほさ》し、軍事を評議し、秘計密謀に与《あづか》り聞かざるはなしと雖《いえど》も、又公（純忠――筆者）の戦場に到る所、毎《つね》に従えり」という状況であったと、同じく『新撰士系録』は記している。

いっぽう、地方における奉行人として、まず横瀬浦開港中の永禄五年（一五六二）・六年当時、横瀬浦の奉行人として、老臣朝長伊勢守純利の弟で、純忠の寵臣であったドン＝ルイスこと朝長純安、および針尾伊賀守《はりおいがのかみ》の両人が知られる（『郷村記』『新撰士系録』）。だがこのうち針尾氏は数回にわたって純忠に叛いているばかりか、朝長純安を伊ノ浦瀬戸で殺害さえしている。純忠の下における奉行人の質の悪さと、その領国支配の実態が、およそどのようなものであったかがわかるであろう。

このほか、元亀二年（一五七一）における長崎の都市建設にさいして、朝長対馬守という者が、その町割奉行に任ぜられていたことについてはさきに述べた。

また元亀三年当時、針尾三郎左衛門は佐志方城（佐世保市）城代であったし（『大村家覚書』）、大村左近太夫および嬉野某の両人は、天正三年（一五七五）当時、浜ノ城（鹿島市）の城番をつとめていた（同前）。かれらはそれぞれの地で単に軍事指揮権を振るったのみでなく、司法・行政権も有していたはずである。

排除された血縁支配の原理

中間層に属する国人《こくじん》領主出身で、それほど大きな戦国大名に成長していない大村氏の場合、その領国統治の家法を制定するようなことはしていない。また家臣団を系譜によって、豊後の大友氏において認められるような同紋衆《どうもんしゅう》（一族・譜代）・国衆《くにしゅう》・新参衆《しんざんしゅう》等に区分して統制するということもしていない。これらに編成するほど、成熟した領国支配を達成してはいなかったのである。まして家臣の知行高に応じて軍役《ぐんやく》を課するなどは、とうていあり得ないことであった。しかし右のような家臣の編成はなかったが、実態として家臣に、一族・譜代・国衆（国人領主）等の者が存在していたことは確かである。

まず一族は「大村親族衆」と呼ばれている。彼らの大半は大名である惣領大村氏と同名の大村氏を称していた。わずかに他に、今道《いまみち》・青池《あおいけ》氏らがみられる程度である。惣領から所領を分譲されたところが、大村ないしその近郊に限られていたからである。古い家柄であるためこれは非常に多く、また大名大村氏との格差があまり認められないほど多くの所領をもっているのが特徴である。このため大名大村氏の直轄地《ちょっかつち》が、著しく乏しかったことは後に述べるとおりである。

彼らは一、二の例外を除いて、さきに述べた老臣・惣役・兄頭役などの諸役に就くことはほとんどなかった。むしろこれらに就くのは、主として譜代、および一部の国人《こくじん》領主であった。朝長氏・一瀬氏がその典型的な例であるが、この両氏は、ともに鎌倉時代以来の譜代の臣であった。

右の諸役についた者の知行地は「大村親族衆」にくらべて著しく乏しかった。たとえば老臣の一人一瀬《いちのせ》栄正《ひでまさ》の知行地は八町、兄頭役の今道純周《いまみちすみかね》のそれは六町、また惣役の宮原純房《みやはらすみふさ》のそれは一七〇石にすぎなかった。ところが老臣でなかった一族の大村純次《すみつぎ》の知行地はじつに三〇町であって（『新撰士系録』）、その相違は歴然としていた。

大村氏の領国支配は、一族血縁者による支配原理を排除し、譜代および国人領主といった、むしろ地縁的原理による方式を採ろうとする基本方針であったといえよう。大村氏としては、譜代および一部国人領主といった小領主の中の、忠実にして、かつ有能な者を中枢に編入していたものらしい。一瀬栄正《ひでまさ》は実戦型の忠臣であったし、宮原純房は「三城七騎籠《さんじょうひちきごもり》」の一人であり、また鑓《やり》の達人として名が高かったという（『新撰士系録』）。

「大村親族衆」の圧力

ところが中枢から疎外されていた「大村親族衆」は、その多くの知行地をもつ経済力をバックとして、時として大村氏の権力体制に重圧をおよぼした。

たとえば天正年間、龍造寺隆信の圧迫を受けた純忠は、隆信と和睦すべきかどうかについて老臣らに諮《はか》った。老臣たちは、こぞって和睦に反対した。ところがこれにたいして「大村親族衆」の面々が、純忠にたいし、隆信と和睦するよう強く求めてきた。純忠は熟慮の末、老臣らの意見を棄《す》て、「大村親族衆」の意見を採って和睦に決したという（『新撰士系録』）。

純忠─老臣を軸とする権力体制にたいし、「大村親族衆」は、政策変更を強要して目的を達成するほどの、一種の圧力団体となっていたことがわかる。彼らは、もはや純忠が統制するには手にあまるものとなっていたのである。

ちなみになお後日、老臣らが和睦に反対したことを知った隆信は、純忠に彼らを殺害するよう強要してきた。無力の純忠はやむなくこれに従わざるを得なかった。このため彼らは殺害され、あるいは他に逃亡せざるを得なかったという（同前）。この時、権力の中枢は崩壊したのである。領国支配─家臣統制等は、この時点では遠く霞《かす》んだものとなっていたのである。

純忠の家臣統制が甘かったことについては他にも徴証がある。永禄六年（一五六三）七月、純忠は老臣らのクーデターにあい、多良岳《たらだけ》に一時身をひそめ、数カ月後に大村に帰還した。その時老臣らを初めとする叛徒が順次帰服してきた。純忠はこれを厳科に処することをせず、宥《ゆる》している（『日本史』）。ほとんどの家臣に叛かれた純忠としては、一つ一つこれらを処罰していたのではどうしようもなかったのであろう。針尾伊賀守などは、回を重ねて謀叛を起こしている。また家臣の謀叛は、領国全土にわたって、治世のあらゆる時期に発生しているが、厳科に処そうにも処罰できなかった純忠の弱みが、この事態を惹起《じやつき》したのである。

もちろん純忠が、謀叛予防の歯止めを効《き》かす努力を怠っていたわけではない。たとえば元亀《げんき》三年（一五七二）七月の「三城七騎籠」のさい、城中に人質がいたというし（『大村家覚書』）、彼杵の重城《かさねのしろ》を八名の在地領主に命じて後藤貴明の攻撃から守らせた時、純忠は彼らからやはり人質を取っている（『郷村記』）。

また家臣間の私闘を防ぐため、万が一私闘をおこした場合は、さきに相手にたいして加害した方を追放するなどの処置をとっている。しかし大勢として、家臣の統制はあまり成功してはいなかった。

軍事の体制

大村純伊の陣立

大村氏の軍事編成について、『郷村記』によると早く戦国初期、有馬氏の領内侵入を迎え撃った大村純伊軍の陣立《じんだて》はつぎのようなものであったと記している。

先　手	長岡越前父子五人	従兵一五〇余人
二　陣	庄左近太夫	従兵一二〇余人

三　陣　　鈴田越前入道道意　　従兵二〇〇余人
四　陣　　旗本・純伊　　　　　従兵二三〇余人

これによると純伊は、総勢七〇〇余人の家臣を四手に分け、自分は旗本《はたもと》の軍に囲まれて四陣を構成し、残る三陣は、それぞれ長岡・庄・鈴田各氏ら譜代の臣にこれを指揮させる、という編成をしていたという。

しかし、この合戦があったとする文明六年の中岳原《なかだけはら》合戦が虚構であるとみられる以上、この軍編成も直ちに信頼するわけにはゆかない。けれども永正十一年（一五一四）に大村・有馬両氏の対戦が大村であったことは事実とみられるから、そうした段階の軍編成の実態を、ある程度反映したものとみることはできるだろう。

衆中の存在

つぎに純忠当時の軍編成をみてみよう。「後藤家文書」によると、天正十二年（一五八四）四月十二日付で、純忠の家臣が、連署して誓詞《せいし》を純忠、および武雄の領主後藤善次郎家信にさし出したものが認められる。すなわち、

定《さだめ》、再拝々々
一、家信公《いえのぶこう》、理専老《りせんろう》に対し奉り、向後詐《こうごいつわ》り有る間敷《まじき》事、
一、たとへ敵所より、如何躰《いかてい》の儀《ぎ》申し懸《か》くると雖、波佐見《はさみ》村之者共、毛頭無作法《もうとうぶさほう》有る間敷《まじき》事、

一、方々よりさんしゃ《(讒者)》有と雖、実否たゝされ《(糾)》、村衆中仰せ聞かせられ、其沙汰有べきの事、
若《も》シ此旨《このむね》を許るに於ては、則ち御罰を蒙《こうむ》る可《べ》き者《もの》也。
世《ぜ》寿《ず》主《す》々々、

天正十二年卯月十四日

波佐見衆中

大村因幡守
福田薩摩守
土橋甲斐守
永田但馬守
針尾五右衛門
寺井下野守
亀近河内守
峯　加賀守
一瀬日向守
松永主税助
山下安芸守
黒神出雲守

矢次相模守
朝長若狭守
黒渡越中守
長与石見守
五段田播磨守
中浦弥左衛門
須賀野軍兵衛
大和田野兵助
武久尾善左衛門
其外略之
折敷瀬衆中略之
内海衆中略之
（一部原漢文「後藤家事蹟」）

というものである。内容は、純忠・家信にたいし詐《いつわ》りをしない。敵方からいかようの誘いがあっても、御両公にたいし叛くようなことは致さない。また方々から讒言《ざんげん》する者が出たさいは、よく実否を糺《ただ》され、ことがらを我々に知らせていただきたい、というものである。

後藤家信とは龍造寺隆信の三男で、後藤貴明《たかあきら》の養嗣子となった人物である。後年鍋島十左衛門《なべしまじゅうざえもん》と称した（『大村家譜』その他）。貴明は、初め松浦隆信の二男惟明《これあきら》を養嗣子としていたが、不和となってこれを実家に戻し、あらためて家信を迎えた。そして貴明は、天正十一年（一五八三）卒去した。

さてこの連署して誓書を出した者は、波佐見衆中《はさみしゅうじゅう》・折敷瀬衆中《おりじきせ》・内海衆中《うつみ》の三グループに分かれていた。彼らは、龍造寺隆信卒去（天正十二年三月二十四日）直後のこの時期、以後予想される政治的・軍事的変動の中において、純忠・家信にたいして誠意にもとることをしないと誓ったものである。

右の衆中は、いずれも今日の長崎県東彼杵郡波佐見町《はさみ》に属する地名をその名に冠していることが、まず注目される。このうち波佐見衆中は二十数名の人名が記されている。これには大村因幡守・福田薩摩守・土橋甲斐守・永田但馬守・峯加賀守らがみえる。

「其外略之」とあることからすれば、さらに多くの者がいたことが想像される。この点についてさきの説明文によれば、この衆中は総勢七〇名であったとしている。これが事実であれば、相当数の集団であったこととなる。折敷瀬衆中および内海衆中については、残念ながらその構成員について記されておらず、不明であるが、ほぼ波佐見衆中と類似したものと考えてよかろう。

ところで波佐見衆中の者には、相互に同姓の者は記載された者の中には見当たらず、けっきょくこれらの衆中は地縁集団であるということができよう。そしてこれほど多くの者が含まれていることからして、彼らは先述のように、在地小領主であろう。

ところで右の場合、誓詞という文書形式からして、これら衆中をそれぞれ統轄する者が記されていない。しかし合戦などのさい、これら衆中をいわば寄子《よりこ》とする寄親《よりおや》的な者が充てられることになっていたと思われる。さきの有馬氏との合戦のさいにみられる長岡・庄・鈴田各氏は、まさにそうした寄親的なものであり、そこにみられた従兵たちは、右の衆中のメンバーに相当するというものであったのであろう。

衆の編成

このほか『大村記』には、諫早の西郷純堯《すみたか》軍が大村領萱瀬《かやぜ》に侵入したさい、家臣の皆吉《みなよし》衆・西方《にしかた》衆・林田《はやしだ》衆らの者が勇戦してこれを撃退したとして純忠が褒し、併せて以後の活躍を求めた無年号三月二十日付文書がある。すなわち、

今日廿日（ママ）、茅瀬《かやぜ》境ノ尾に於て諫早衆罷出《まかりいで》候、（刻脱カ）掛合防戦とけ、尾和谷《おわだに》弥三郎方、金崎方重良弟、其外西郷、同右京宗徒寄合《うきょうむねとよりあい》、以上掛《かけ》候首百余討取、勝利千勝万勢候、諫早城内に於て、相残衆之《これ》有る間敷《まじく》候、其表之御行之義、此節賢慮専一たる可《べ》く候、委細《いさい》以前兵部少輔《ひょうぶしょうすけ》方存候間、子細《しさい》能《あた》わず候、恐惶謹言《きょうこうきんげん》、

三月廿日　　　　　　　　　　純忠 判

皆吉衆

西方衆

同前

林田衆

（原漢文『大村記』）

とある。これはその内容からして、天正二年（一五七四）三月二十日発給文書とみられる。この書状の宛先にみえる皆吉衆・西方衆・林田衆らのうち、特に西方衆とあるのは、さきの波佐見衆中の例からして、地縁集団という性格が濃厚である。しかし皆吉衆・林田衆というのは、地域名ではなく人名を冠していて、右のものとやや異なった性格を感じさせる。ただ何分その構成員が不明であって決定的なことはわからないが、いくぶん血縁集団としての性格をも有しているのではあるまいか。

このように戦国期の大村氏の下では、かねて衆・衆中などの在地の小領主からなる地縁・血縁の集団があり、戦時においては、これらいくつかの衆・衆中が、先述したような大村氏の有力譜代の者の指揮下に編成され、軍事的活動を行うという体制であったらしい。

しかし先述の波佐見衆中・折敷瀬衆中・内海衆中らの者が、後藤家信とともに、主君である純忠にたいしても忠誠を誓っていることじたい、かえってこの相互間に不信関係が介在していることをうかがわせる。事実この波佐見村金谷《かなや》（長崎県東彼杵郡波佐見町金屋郷）の金谷城（松山城）城主福田丹波《たんばの》守《かみ》が、純忠に叛《そむ》いて後藤貴明《たかあきら》につき、武雄《たけお》に逃れた例がある（『新撰士系録』）のはこれを裏付ける。これは純忠の領国周辺部のことであり、他領主からの誘惑を受けやすかったことによるのであろう。やはり純忠の軍事体制の限界を示すものといえよう。

大村氏の拘城

つぎに純忠を中心とする大村氏関係の諸城についてみてみる。これは大村氏の拘城と、家臣の拘城とに分かれる。前者は大村氏自身の拠《よ》る本城と、その周辺にあって部下が勤番して守る支城（出城・子城・足城・端城《はしじろ》・砦《とりで》）とに分かれる。ただ三城《さんじょう》築城以前では、本城と支城の区別は必ずしも明らかではない。

(ア)　大村にあるもの

久原城《くばら》　大村氏久原郷

純忠以前から構えられていた城として、まず最初に挙げねばならないのがこの城である。『郷村記』などによると、藤原純友の孫直澄が、正暦五年（九九四）大村に入部して久原城に入った。それ以後、鎌倉時代をへて室町時代、大村純治《すみはる》が好武城《よしたけ》を築いてこれに移るまで、歴代大村氏の拠城であったとしている。平時は大村館《やかた》に住み、合戦のさいこれに拠ったとする。しかし直澄の大村入部説が虚構とみられる以上、その久原城入城説もまた成立しない。

近世以前は郡村《こおり》（大村市竹松・福重・松原地区）が大村の中心であり、しかも三城《さんじょう》築城以前では、大村氏は郡川（上流は萱瀬川《かやぜ》）流域に沿って諸城を構えていた。久原城の地は、のち慶長三年（一五九八）に築かれた玖島城《くしま》を中心とする、近世大村氏の城下町の一角に位置している。このことからして、平安末期以来の大村氏の拠城とは思われない。

ただ室町・戦国期の大村氏が、東の有馬・西郷氏らの侵入に対処するため、これを支城の一つとしたことは確かである。

鳥甲城《とりかぶと》（鶏冠城）　大村市中岳郷

築城時期不明。大村氏関係諸書によると、文明六年（一四七四）当時すでにあり、一族の大村大和守純明《すみあきら》が守っていた。同年中岳原《なかだけはら》合戦に敗れた大村純伊がここに逃れようとして失敗したという。しかし大村での合戦の時期が実は永正年間である以上、この城もこの頃のものかと思われる。純忠もしばしばこれに立籠った。

この城のある鳥甲《とりかぶと》山には、軍神摩利支天《まりしてん》が祀《まつ》られていた。受洗直後の純忠が、この山の側を通過しようとした時、この偶像を破壊した。

好武城《よしたけ》　大村市寿古郷

郡川河口部に設けられた平城《ひらじろ》で、戦国初期大村純治が有馬氏に備えて築いたとの所伝がある。

今富城《いまとみ》（今留《いまどめ》城・今積《いまづみ》城）　大村市皆同郷

郡川流域の好武《よしたけ》城より少し上流域にあった山城《やましろ》である。戦国初期、純治《すみはる》の子純伊《すみこれ》の築城という。

切詰城《きりつめ》　大村市中岳郷

萱瀬ダム近くの久良原《きゅうらはら》にあった山城である。大村家に入嗣した純忠が、家臣の帰服が得られなかったため、老臣らのすすめで、三年間この城に隠棲したという。

中岳砦《なかだけとりで》　大村市中岳郷

萱瀬川の流域に近い宝満《ほうまん》岳の傍の小高い丘を利用して設けられていた。有馬軍の侵入を受けた大村純伊が、これに拠って迎撃したとの所伝があるが疑わしい。

菅牟田砦《すげむたとりで》　大村市宮代郷

萱瀬川の右手の丘に設けられた砦である。天正四年（一五七六、同五年十二月説もあるが誤り）龍造寺隆信がこの地に来襲した。この時峰弾正《みねだんじょう》・庄善助《しょうよしすけ》・一瀬半右衛門以下の者がこれに拠って奮戦し、一同討死したという。

三城《さんじょう》　大村市武部郷

純忠は大村を中心にしだいに東彼杵地方、ついで西彼杵地方の領主を服従させ、これを版図とした。それに伴い家臣も増大した。いっぽう領外からは後藤貴明、松浦隆信・鎮信父子、西郷純堯《すみたか》らの来襲が相つぎ、寧日《ねいじつ》ない有様であった。こうした状況に対応するため純忠は、永禄元年（一五五八）富松大権現の側の山を利用して、かつてない大規模な城の構築を開始し、横瀬浦で受洗した翌永禄七年（一五六四）、これを完成させた。これが三城である。『大村家記』によると、その構造について、

三城古城

大手西　搦手《からめて》北方　本丸《ほんまる》高自平地《へいちより》十五間

本丸二千四百坪

二郭《にのくるわ》千五百坪　本丸に一丈低し

三郭六百坪　二郭に一丈低し是日隈城

北出郭五百坪　本丸に一丈五尺低し

三方隍《こう》　西北水堀也　乾《いぬい》の方嶮岨《けんそ》也是日小城

永禄七年甲子春大村丹後守純忠築《これをきずく》之

とある。これによれば、城は本丸《ほんまる》を中心に、二郭《にのくるわ》・三郭《さんのくるわ》・出郭《いでくるわ》と四つの部分から構成されていた。この間本城のほか三郭の隈城《くまじょう》と、乾《いぬい》の方の小城《こじょう》の三つの城があったため、三城と称されたらしい。本丸の西に大手《おおて》、そして北に搦手《からめて》があり、三方空堀、そして西北に水堀があった。このうち特に本丸南部の空堀は千綿《ちわた》村（長崎県東彼杵郡東彼杵町千綿）の者が掘削して造ったため、千綿隍《ちわたこう》と呼ばれた。また本丸と二の郭の間には土塁が設けられていた。

三城の西側、大手門を出たところには家臣の屋敷が構えられ、その間にキリスト教会や神学校が混在して、素朴な城下町を構成していた（『見聞集《けんぶんしゅう》』）。

三城をめぐる合戦で注目されるのは、元亀三年（一五七二）七月晦日《みそか》、とつじょ後藤・西郷・松浦三氏の連合軍が三城に来襲し、純忠がわずかの手兵をもってこれを撃退したいわゆる「三城七騎籠《さんじょうひちきごもり》」であるが、これは後で詳しくふれる。

三城はその後、慶長四年（一五九九）に純忠の嫡子喜前《よしあき》が玖島《くしま》城（大村市玖島郷）に移転するまで、純忠・喜前の二代三五年間の拠城となった。なおこれは一国一城令（元和元年・一六一五）の下、寛永十四年（一六三七）に破却された。

(イ)　大村以外の地にあるもの

井石城《いせき》　長崎県東彼杵郡波佐見町井石郷

佐賀県との境をなす波佐見町《はさみ》にあって、大村市が、主として武雄の後藤氏にそなえて設けた支城の一つである。

岳山城《たけやま》　長崎県東彼杵郡波佐見町岳辺田郷

波佐見町の岳山《たけやま》（八天岳《はつてんだけ》）の山頂に構えられた大村氏の支城の一つである。純忠の命を受けた渋江《しぶえ》豊後守公師《きんもろ》が、一時この城を守って後藤貴明と対峙した。

重城《かさねの》　長崎県東彼杵郡東彼杵町坂本郷

彼杵《そのぎ》川に臨んでそそり立つ三ノ瀬山に営まれた山城であった。佐賀領から俵坂《たわらざか》をへて大村領に入る入口に構えられた大村氏の支城で、龍造寺・後藤両氏にたいして備えたものである。

風南城《ふうなん》　長崎県東彼杵郡川棚町立岩郷

川棚町の風南山に営まれた山城で、大村氏が武雄の後藤氏に備えてそなえた支城である。戦国時代に福田次郎左衛門・田崎藤之助・一瀬善助らが守っていたことが知られる。

歌舞多城《かぶた》　長崎県東彼杵郡川棚町木場郷

虚空蔵岳《こくぞうだけ》に近い歌舞多《かぶた》山に構えられた山城である。戦国時代大村筑前守を侍大将とし、堀池《ほりいけ》壱岐《いきの》守《かみ》・朝長能登守らの者が守っていた。

松岳《まつたけ》城　長崎県東彼杵郡東彼杵町三根郷

松岳に構えられた大村氏の支城である。大村純伊が文明十二年（一四八〇）八月に大村を奪回しようとした時、この城の有馬軍と戦ったと『大村家覚書』は記すが、鵜呑《うの》みにはできない。

大村氏家臣の抱城

つぎに大村氏家臣の抱城《かかえじろ》を挙げよう。これら家臣（在地領主）の拠城も、大村氏の防衛の一端を担った。

内海《うちのみ》城　長崎県東彼杵郡波佐見町湯無田郷

波佐見の内海《うつみ》氏の拠城である。内海修理亮泰平《しゅりのすけやすひら》が築城したという。内海政広の妹に照日《てるひ》という者があり、たび重なる後藤貴明の侵入にさいし、兄とともにこれを撃退したという（『郷村記』）。

天崎《あまさき》城　長崎県西彼杵郡西海町天久保郷

西彼杵半島の突端に近い城山に構えられた天久保《あまくぼ》氏の拠城である。

小佐々《こささ》城　長崎県西彼杵郡大瀬戸町多以良内郷

西彼杵半島北西部の小峰《こみね》山に構えられた小佐々《こささ》氏の根拠である。城の固有の名は伝えられておらず、小佐々城とはここで仮称したものにすぎない。

小佐々氏は、代々西彼杵半島北部の多以良《たいら》・中浦・松島・大島・蠣《かき》の浦《うら》・崎戸・瀬戸・江ノ島・平《ひら》島の諸村を知行する、この地方きっての有力領主であった。同氏は戦国初期にはすでに大村氏の家臣となっていたようである。

神浦城《こうのうら》　長崎県西彼杵郡外海町神浦江川郷

西彼杵郡西部の神浦《こうのうら》川の傍に構えられた大串氏の拠城である。戦国時代、大串正俊《おおぐしまさとし》は純忠に叛いて後藤貴明《たかあきら》に従い、永禄九年（一五六六）七月討死している。このため純忠は、福田右《う》京《きよう》亮《のすけ》に命じて、城を破却させている。しかしその子正俊は、純忠に従い、深堀氏の攻撃を受けた長崎純景《ながさきすみかげ》を援けている（『郷村記』）。

唖飲城《つのみ》　長崎県西彼杵郡長与町斎藤郷・時津町浜田郷

長崎市郊外の長与川の河口部左岸の城山に構えられた、鎌倉時代以来の在地領主長与氏の拠城である。天文年間に長与権之助《ごんのすけ》と築いたという。天正十四年（一五八六）九月、長与純一《すみかず》が純忠に叛いて城を追われた。もと浜《はま》ノ城と称されていたが、これ以後唖飲《つのみ》城と呼ばれるようになった。

岩松城《いわまつ》　大村氏岩松郷

大村南部の在地領主鈴田氏の拠城である。鈴田道意《すずたどうい》は大村純伊の義兄にあたるほどの人物で、このほか、白鳥《しらとり》城・岸高《きしだか》城・西光寺《さいこうじ》山城なども、鈴田氏の抱城であったかと思われる。

福田城《ふくだ》　長崎市大浜町

福田浦に臨んで構えられた、鎌倉初期以来の在地領主福田氏の拠城である。近くの舞岳《まいだけ》城・宮尾城とともに、福田大和守忠兼《ただかね》が築いたといわれる。忠兼の子兼親《かねちか》は純忠の女婿である。

桜馬場《さくらばば》城　長崎市夫婦川町・鳴滝町・片淵町

長崎市街東南部の小高い丘に構えられた、長崎の在地領主長崎氏の拠城である。おそらく南部の深堀氏の攻撃に備えて構えたものであろう。長崎純景《すみかげ》は純忠の女婿であって、キリシタンとなり、その信頼が厚かった。

以上が大村氏領国内の主要な城である。

鉄砲の導入

純忠がイエズス会の宣教師に接近して入信した背景に、ポルトガル商人と貿易し、それによって軍事的経済的利益を得ようとする気持ちがあったことはほぼ明らかである。

ことに軍事面についてみると、ポルトガル人もまた積極的に、純忠を支援したことが知られる。ルイス＝フロイスによると、永禄九年（一五六六）に彼杵の領主が純忠に叛いた時、純忠はこれを攻撃し、多数の叛徒を殺した。しかしなおも残った叛徒は、依然純忠に抵抗を試みた。これを知った福田浦滞在中のポルトガル人たちは、純忠に多数の小銃を貸与する援助を申し出た。これを得た純忠は、さんざん叛徒を悩まし、これを退けることに成功したという（『日本史』）。

このほか、なお純忠が合戦に鉄砲を導入した事実が確認される。すなわち『郷村記』によれば、ある時彼杵の重城《かさねのしろ》を後藤貴明の攻撃に備えて大村軍が守備した時、純忠は城兵に「大鉄砲《おおでっぽう》五挺」を預け置いたという。おそらく永禄年間（一五五八―一五七〇）のこととみられるが、この時の大鉄砲もポルトガルから輸入したものとみられ、その記事内容から、当時鉄砲が貴重視されていたことをうかがわせる。

降《くだ》って天正八年（一五八〇）、長崎純景の拠る桜馬場城を深堀純賢・西郷純堯が攻撃したさい、純景の求援に応じた純忠は援兵を差し向け、まず諫早勢を鉄砲をもって一瀬口《いちのせぐち》に攻め、これを撃退したという。天正期に入って大村氏の鉄砲保有数が増し、実戦に大いに成果を収めている様子がわかる。純忠の対ポルトガル貿易が軍事的利益をもたらした好事例であって、注目しておかねばならない。

経済的基盤

乏しかった蔵入地

大名権力の強弱が、経済的基盤いかんに左右されることはいうまでもない。そしてその根底をなすものが蔵入地《くらいりち》（直轄領）である。

純忠の蔵入地について、『大村家覚書』は、「純忠は家督を相続したが、当時一族親類があまりにも多くの村々を知行していた。このため純忠の蔵入の村は、大村の池田、久原《くばら》、松原、および福重《ふくしげ》に少々あり、他に大串《おおぐし》、日井《ひなみ》、および形上《かたがみ》の村々にあっただけである」（取意）としている。『大村家譜』も、ほぼ同様のことを記している。

このうち大村池田・久原・松原・福重は、ともに今日の大村市に属する。また大串・日井・形上は内海《うちめ》筋、つまり現在の長崎県西彼杵郡内の、それぞれ西彼《せいひ》・時津《とぎつ》・琴海《きんかい》の各町に属している。その反面東彼地方にないことが注目される。

これらは、基本的には鎌倉時代以来の地頭領を中核としていたと思われる。このほか、叛徒を誅伐したのち、その旧領を没収して蔵入としたことが考えられる。西彼地方に蔵入地が多いのは、これを裏付けるものと思う。たとえば右に挙げた地以外にも、樒《しきみ》村の場合、その旧知行人は樒氏であった。ところが樒狩野介《しきみかののすけ》が龍造寺隆信に内通したことを知った純忠は、天正七年（一五七九）これを三城に招いて謀殺し、残る一族は隣接地の領主福田忠兼《ただかね》に命じて滅亡させた。この後純忠は樒村を直轄地に組み込んでいる。

その他家臣間の係争地において、いずれとも裁決しかねる場合など、これを直轄地に編入したことも考えられる。

乏しきことは

純忠の直轄地が乏しかったことについては、さきの諸書が記す通りである。大村氏のような古代末以来の伝統的領主の場合、一族庶子が多く、これらにたいし所領の配分譲与を繰りかえしてきたことが、惣領《そうりよう》大村氏の所領を著しく少なくする結果になったということができる。

そしてこれと裏はらに肥大化した庶家《しよけ》を生み出し、大村氏の大名権力を弱体化する結果を招いた。のち近世初頭の大村氏が、その大名権力の強化のため、「御一門払《ごいちもんばらい》」(『郷村記』雪浦村項)、ないし「御親類追放」(『新撰士系録』巻三、大村純種項)と呼ばれる一族庶家の追放、および所領削減の強行措置を断行する必要があったのである。

天正二年(一五七四)少弐氏の一族平井経治《つねはる》が、龍造寺隆信にそそのかされた実弟直秀《なおひで》に追われ、二百余人の部下を伴って純忠の下に逃れてきた。そのため大村氏は、これを養うため年貢を増徴せねばならなかった。ところがこれに耐えかねた農民らが大挙して窮状を訴えた。そこでやむなく、純忠は経治を追放せざるを得なかった(『歴代鎮西志』その他)。純忠の財政的基盤の弱さを示すものであろう。『大村家覚書』が、

士卒防戦に疲れ、財用甚《はなはだ》不足なり。純忠深く是《これ》を憂ふといへどもいかんともすべき様なかりければ、当家殆ど危くぞ見へける

とするのは、苦衷《くちゆう》に満ちた純忠の立場をよく示すものであろう。

純忠以前の対鮮貿易

つぎに大村氏の経済的基盤として考えるべきものに、対外貿易がある。純忠当時のそれが、ポルトガルとの貿易に特色があったのにたいし、純忠以前のそれは、もっぱら対鮮貿易に依存していたとい

うことができる。

わが文明三年（一四七一）、申叔舟《しんしゆくしゆう》によって著された『海東諸国紀《かいとうしよこくき》』によると、丁亥年《ていがい》（おそらく応仁《おうにん》元年と思われる）、大村の地に本拠をもつ源《みなもとの》重俊《しげとし》という者が肥前州太守と称して、使者を朝鮮に遣わしたとしている。源姓を称してはいるが、これは朝鮮側に虚偽を述べたもので、大村氏系図の一本に、純忠の四代前の人物としてみえる大村重俊その人であろう。当時の大村氏が、対鮮貿易を行っていたことを示している。

つぎに「宗家《そうけ》文書」中の「大永・享禄之比《ころ》御状幷《ならび》に書状之跡付《あとつき》」によると、無年号文書であるが、ともに九月二日付で記した対馬守護宗盛賢《そうもりかた》（後の将盛《まさもり》）、および対馬守護代宗盛廉《そうもりかど》から、ともに大村新八郎に差し出した書状が各一通みられる。田中健夫氏によると、宗盛廉が対馬守護代になったのは大永七年（一五二七）であるという。このことや大村氏関係史料からすると、この大村新八郎とは、おそらく純忠の養父純前《すみさき》を指すものと思われる。

書状の内容は、ともに抽象的であってあまり明らかではないが、大村氏が宗氏にたいして何らかの依頼をし、あわせて太刀一腰《ひとこし》を贈ったことを謝し、近くそれを取り計らう心算であることを答えるとともに、礼として当方よりもまた太刀一腰を贈ることを伝えたものである。大村氏が宗氏にたいし、おそらく対鮮貿易に関して、何らかの周旋を依頼したものであろう。対鮮貿易にたいして、大村氏がきわめて積極的であったことを示すものであろう。

純忠のポルトガル貿易

つぎに、純忠下の対外貿易の特色が、ポルトガル貿易にあったことはいうまでもない。その貿易港が、領内横瀬浦（永禄五年六月―永禄六年七月）から福田浦（永禄八年八月―元亀元年）へ、そしてさらに長崎浦（元亀元年―近世）へと推移して行ったことは、後で述べるとおりである。

ところがこの間における大村氏のポルトガル貿易が、キリスト教の受容と密接不可分の関係において展開されたということはまた一つの特色であって、注目しておかねばならぬことはいうまでもない。

まず横瀬浦には、永禄五年（一五六二）に二回、同六年に三回ポルトガル船の入港がみられたが（岡本良知氏『十六世紀日欧交通史の研究』）、このさいの主な輸入品は絹《きぬ》であって、その貿易のため、豊後以下諸地方の商人が、多くの銀をたずさえて同港に集まって来ていたらしい（『日本史』）。

ついで永禄八年（一五六五）、新たに福田浦が、さきに壊滅した横瀬浦に代わって、ポルトガル貿易港として脚光を浴びてくるにいたった。

宣教師メルショール゠デ゠フィゲイレトの永禄八年九月二十九日付書簡によると、同年ドン゠ジョアン゠ペレイラが船長として乗組んだ定航《ていこう》商船がシナより来日したが、乗組みのポルトガル人たちは、皆純忠を助けようとして、福田浦に入港して来た。そのため純忠およびその領地は大きな利益を得た反面、周辺の松浦氏らは大きな損失を蒙ったとしている。

当時松浦領の平戸には、絹の取引きのため、堺《さかい》の商人たちが大型船を同港に入港させていた。松浦隆信が福田浦を襲撃したさい、この堺の商人たちが船を提供してともに襲撃に加わったのは、そうした平戸での貿易の行き詰《づま》りに彼らがいら立っていたからであった。

輸入品の主なものが絹であったことはさきに述べたが、その内容はかなり豊富なものであったらしい。「宮後三頭太夫文書《みやじりさんとうだゆう》」によると、伊勢宮の神徳を説き、御札《おふだ》を頒布して大村地方に下向して来た御師《おし》（祈禱師）にたいし、純忠およびその重立った家臣が、同宮に初穂料《はつほりよう》として種々の品を献じている。その献納品の中には、ポルトガル貿易による輸入品がかなり含まれていた。久田松和則氏の明らかにされたところによると、まず永禄四年（一五六一）、大村刑部少輔《ぎようぶしようすけ》・朝長右衛門太夫の両人が、それぞれ唐木綿《からもめん》一反を、また永禄十年に大村孫兵衛が沈香《ちんこう》一斤、大村刑部入道が南蛮綿一反を納めている。そして永禄十一年に大村純忠が絹緞《けんどん》一反、朝長純利《すみとし》が金襴《きんらん》一反、大村宗慶《そうけい》入道が唐木綿一反を、それぞれ納めている。

ここにみえる品目は、中国・南海、その他に産出するものであって、純忠がポルトガル貿易によって獲得したものであることは明らかである。伊勢宮に初穂料として納めたものがこの程度のものであることを思えば、実際に彼が得たものはこれに数倍するものであったはずである。しかもそれらが、純忠からこれら重臣たちに流されていることもわかるのである。純忠は、こうしたポルトガル貿易によって得た品を、家臣に賜与することによって、彼らを掌握する手段としていたということも考えられる。

長崎開港後の天正元年（一五七三）、ドン＝アントニオ＝デ＝ヴィリエナの乗船が沈没した。ルイス＝フロイスは、このことによって純忠が、諫早の西郷純堯《すみたか》に抵抗するための資力をいっそう奪われたことを、純堯自身承知していたとしている（『日本史』）。直轄領の乏しかった純忠の貿易依存度がきわめて高く、かつ不安定なものであったことを示しているといえよう。

なお長崎に関しては、天正八年（一五八〇）に教会領に寄進された後も関税収入権は純忠が留保し、それは年間一〇〇〇クルザートにも達し（古賀十二郎氏『長崎開港史』）、純忠の大きな財源をなしたらしい。

さらに天正十四年（一五八六）、純忠の家臣一〇名がルソン島に到着したが、これは同島に平和裡に来航した最初の日本人であったという（岩生成一氏『南洋日本町の研究』）。純忠が、自らも積極的に海外に進出しようとしていたことを示すものとして注目される。

Ⅲ　横瀬浦開港と純忠の受洗

ヨーロッパ人の東洋進出

新航路・新大陸の発見

イベリア半島の西南端、イスパニア王国に隣接するポルトガル王国は、紀元前にはローマ帝国の属領であり、紀元後五世紀にはゲルマン人の一派西ゴート族がこの地を征服したが、のちイスラム教を信奉するムーア人に占領された。その後一〇世紀にキリスト教徒のレオン王国、ついで一一世紀にカスティリア王国の支配するところとなった。そして一二世紀半ばの一一四七年、すなわちわが久安《きゅうあん》三年、アフォンソ＝エンリケスを初代の王として、ここにポルトガル王国が建国された。

しかしポルトガルは広大な農耕地に恵まれず、勢い海外に活動の目を向けざるをえなかった。こうして同国は、海外に進出することとなった。このさい、天然の良港をひかえるリスボンは同国の首都として、また海外進出の重要な拠点となった。

こうしたポルトガルを海外植民国家に成長させたのは、同国の王子ヘンリー航海親王で、彼は学者・探検家を保護して、アフリカ西海岸に向け、数回にわたって探検隊を送りこんだ。彼の没後、ポルトガル人バーソロミュー＝ディアズはアフリカ南端の喜望峰《きぼうほう》に達し（長享二年、一四八八）またイタリア人コロンブスはイスパニアの女王イサベラの支援を受けて西航し、わが明応元年（一四九二）サン＝サルバドル島に到着した。その後も三回の航海を重ね、今日のアメリカ大陸の一部に到着した。またわが明応七年（一四九八）、ポルトガル人バスコ＝ダ＝ガマは喜望峰を廻ってインドのカリカットに到着した。これがインド航路の発見である。さらにポルトガル人マゼランは、イスパニア王室の命を受け、香料を求めて大西洋から南アメリカの南端の海峡（マゼラン海峡）をへて太平洋を横断し、フィリピン諸島を発見した。マゼラン自身は現地住民との戦いで戦死したが、残りの乗組員がインド洋と喜望峰を通ってイスパニアに帰還し、初の世界一周航海を達成し、地球の球体説を実証した。

こうしてポルトガル・イスパニア両国は、いよいよ植民国家として発展した。そして両国は、ローマ教皇の仲介で、大西洋を東西に分ける線を引き、わが明応三年（一四九四）、各々の勢力範囲を定めた。これによってブラジルを除く新大陸はイスパニアのものとなり、また東洋はフィリピンがイスパニア領となったが、他はポルトガルに委ねられることとなった。

ポルトガルの東洋進出

このためポルトガルはインドのゴアに総督府を置き、セイロン島・マラッカ・モルッカ諸島を占領して、東洋の香料や織物を独占し、一六世紀中期にはマカオを拠点として、中国・日本にたいする貿易を行った。

ポルトガル船が中国に初めて渡航したのは、マラッカ占領二年後の永正十年（一五一三）で、その翌年にも赴くという状況であった。いっぽうポルトガル人の日本への渡来は、これよりかなり遅れた天文十二年（一五四三）のことで、それもわが国への渡航を目的としたものではなく、偶然種子島へ漂着したものであった。しかし、この時中国のジャンクに乗って漂着した三名のポルトガル商人こそ、わが国に到達した最初のヨーロッパ人であった。

その後、同じくポルトガル人フェルナン＝メンデス＝ピントが、天文十三年（一五四四）または天文十四年ごろ、種子島に到着するなどのことがあった。さらにその後天文十五年、六、七人のポルトガル人が中国のジャンクで豊後に入港した。このほかにも、この前後ポルトガル人の来航もあったとみられるが、あまり詳細ではない。

そして天文十八年（一五四九）、かの有名なフランシスコ＝ザビエルが来朝するのである。ついで翌天文十九年、ポルトガル船は肥前平戸に入港し、以後定期的に平戸に来航するにいたった。こうしてポルトガル貿易は、平戸を拠点として活況を呈することとなった。

カピタン＝モール制

弘治三年（一五五七）、マカオが確実にポルトガルの手中に帰してから、インドのゴアを起点として、ポルトガルの定航船がマカオをへて来日することとなった。その総司令官はカピタン＝モールと称せられた。それまでポルトガルの日本航海は、個人企業で行われていたが、ポルトガル王室は対日貿易の将来性を認め、王室特許企業へと改め、国王の任命するカピタン＝モールの下に統制させ、経営しようとしたのである。この制度の創設の時期は明らかではないが、ほぼ天文十九年（一五五〇）ごろと思われる。

実際にはカピタン＝モールの負担で航海を経営し、利潤の一部を国王に献納するほかは、彼らが収得した。彼らは国王の代理者として絶大な権を振るった。

彼我の貿易におけるわが国の輸入品は、中国産の生糸・絹織物が主であって、その他金、さらに鉄砲などの武器にもおよんだ。いっぽう、わが国からの輸出品の主たるものは銀であって、これらは、相互にばくだいな利益をもたらした。

イエズス会の活動

わが永正十四年（一五一七）、ドイツ中部のウイッテンベルク大学教授マルチン＝ルターは、九五カ条の論題を発表し、時のローマ教皇レオ十世下のカトリック教会にたいし疑問を投じた。これが契機となって、ドイツ全土に宗教改革《しゅうきょうかいかく》の火の手が上がり、やがてスイス・イギリスなどへと改革の嵐が吹きおよんだ。

こうした宗教改革で打撃を受けたカトリック教会は、わが天文十四年（一五四五）以来、一八年間にわたってトリエント宗教会議を召集し、教会内部の粛正をはかるとともに、教皇の至上権と、教義についての従来の解釈を確認し、衰退した教勢の挽回をはかった。

この目的のため宗教裁判を復活し、異端にたいして厳しい迫害を行うなど、いわゆる反宗教改革運動を繰りひろげた。この反宗教改革の中心的な存在がイエズス会である。

イエズス会は、カトリック教会にたいして熱狂的な信徒であるイスパニア人イグナチウス＝ロヨラによって天文三年（一五三四）、フランスのパリで創設され、同九年（一五四〇）教皇パウルス三世によって正式に認可された。イエズス会は厳格な軍隊的組織と規律とをもって活動し、失われたカトリック教会の教勢の回復につとめた。時あたかもポルトガル・イスパニアの海外植民地活動の時期にあたり、このため彼らは、この植民政策と結んで、アジア・アフリカ大陸において、新たな地盤作りに乗り出したのである。

この動きの中で、中国にたいする布教活動を行った者としてはマテオ＝リッチが著名であるが、天文十八年（一五四九）わが国に来朝し、日本におけるキリスト教弘布の基礎を築いたフランシスコ＝ザビエルもまた、このイエズス会の創立者の一人であったのである。

ザビエルの来朝

天文八年（一五三九）、ポルトガル国王ジョアン三世は、イエズス会員の中でインド布教に赴く者を募った。この間にあってザビエルは、ロヨラからインド行きを求められてこれに応じ、天文九年

（一五四〇）、召喚先のローマの地を出発し、翌天文十年リスボンを出帆した。そして翌十一年ゴアに到着し、以後七年間インド、セイロン、マラッカ、モルッカ諸島において布教活動を行った。

ザビエルは天文十六年（一五四七）、マラッカの教会で三人の日本人を紹介された。その中に、いくらかポルトガル語を解するアンジローという者がいた。彼はかつて郷里鹿児島で殺人を犯し、その追求を免れるためマラッカに逃れて来たものであった。

彼は殺人の罪の悔恨《かいこん》にたえず、魂の救いをザビエルに求めてきた。ザビエルはアンジローの人柄と才能に心を惹かれた。そして彼の祖国日本に赴いて、布教活動を行いたいという新たな期待を持つにいたった。ザビエルはアンジローに洗礼を授けたのち、彼の案内を得て日本に渡航する決意を固めた。こうしてザビエルは日本に赴くこととなった。時に天文十八年（一五四九）三月のことである。

ザビエルの日本渡航には、後年日本布教長として活躍するイスパニア人コスモ＝デ＝トルレス、および同じくイスパニア人ファン＝フェルナンデスが同行することとなった。それにアンジローとその伴侶の日本人二名、および従僕のインド人・中国人各一名も加わった。こうして天文十八年（一五四九）七月二十二日、一行は鹿児島に上陸し、わが国への第一歩を印したのである。

横瀬浦の開港

松浦隆信の迫害

天文十九年（一五五〇）六月、松浦隆信《まつうらたかのぶ》領下の平戸に一隻のポルトガル船が来航した。これは隆信の庇護《ひご》の下、平戸に根拠をかまえていた明の海賊の首領である王直《おうちょく》の招きによったものとみられる。ポルトガル貿易による軍事的・経済的利益をはかることを意図していた隆信が、これを歓迎したことはいうまでもない。

ところがこのポルトガル貿易は、キリスト教の布教と不可分に結びついていた。日本布教を目的として、前年の天文十八年（一五四九）に鹿児島に上陸していたフランシスコ＝ザビエルは、この貿易と並行して布教活動を展開しようとしていた。しかしわが国戦国大名一般の立場からすれば、この両立はつまるところ極めて困難なことであった。キリスト教の布教を許可すれば、仏僧や仏教徒の保守的家臣たちの反発を招き、領国内に動揺と混乱が生ずる恐れが多分にあった。

したがって戦国大名の多くは、貿易と布教を分離することを理念として、前者にたいしては積極的である反面、後者にたいしては冷淡であった。これはザビエル以下宣教師の考えるところと大いに相違するところであって、戦国大名の身勝手と映ったのである。このことは、まず薩摩《さつま》国に上陸したザビエルと島津貴久《しまづたかひさ》との交渉の中で、その考えの相違が確かめられた。

そこでザビエルは方針を改め、京都に赴いて幕府将軍から全国布教の許可を得ようとして上洛の途についた。

その途上、彼は先述した平戸に入港しているポルトガル人の乗組員に会うため、同地に立ち寄った。ザビエルはおよそ一カ月平戸に滞在するうち、隆信の許可の下に、およそ一〇〇〇人の信徒を得ることに成功した。彼は宣教師コスモ＝デ＝トルレスを平戸に残して京都に赴いた。京都からの帰途、ザビエルは再度平戸に立ち寄った。

この間松浦隆信《まつうらたかのぶ》は、貿易の利を得るため、最初布教を許していた。しかし徐々に信徒が増加するにともない、これにたいする反対勢力も拡大していった。隆信はそのジレンマに悩みつつも、なおキリスト教にたいしては曖昧《あいまい》な態度を取り続けていた。

その隆信も、両者の対立抗争がつのったため、ついに永禄元年（一五五八）宣教師に領外退去を命じた。

その後永禄四年（一五六一）八月、ポルトガル船の乗組員と平戸の町人との間で殺傷事件が起きた。しかもこの事件の処理について隆信のとった態度は、実に誠意のないものであった。このことは、松浦氏とポルトガル人との断絶を決定的なものとした。隆信がたんに貿易の利を得ることにのみ目的があることを見抜いていたトルレスは、平戸にかわる新たな貿易港を探させていた。

横瀬浦開港す

永禄四年（一五六一）フェルナン゠デ゠スウザの乗組んだポルトガル船が平戸に入港したさい、トルレスの意を受けた修道士ルイス゠デ゠アルメイダは、その船の水先案内ドミンゴス゠リベイロ、および日本人コノエ゠バルトロメウの二人に、隆信に気づかれぬよう、ひそかに大村純忠領の横瀬浦港《よこせうら》を測深検分してもらうことにした。

アルメイダは、横瀬浦がポルトガル船の入港に好適であるとみられた場合は、その領主である純忠自身にキリスト教に入信してもらい、その上、彼の領内で布教の許可を願いたい。それが得られれば、領主純忠にとって聖俗両面にわたって大きな利益が得られるはずであると、コノエ゠バルトロメウから純忠に説得させる手筈を整えた。

水先案内とバルトロメウの両人は、漁船に乗って現地の測量をした。その結果、港が良港で、しかも船の入港に十分な深さのあることが判明した。そこでバルトロメウはさきの計画に従って純忠の主席老臣である朝長伊勢守《ともながいせのかみ》にはかり、伊勢守とともに純忠に交渉するため大村に赴いた。

その結果、横瀬浦入港について、純忠から快諾を得たのであった。しかも、トルレスがもし領内に来て布教する意志があればこれを許し、領民の受洗も許可するということであった。そしてさらに純忠自身の改宗については、トルレスが現地に到着後、直接純忠自身と会見し、協議するようにということであった。純忠はこの時、はじめて西洋文明の波を受けたのである。

この報告を受けたアルメイダは、さらに豊後滞在中のトルレスに、この純忠の意志を伝達した。トルレスはこれを聞き、大いに喜んだ。

しかし、なおも慎重なトルレスは、さきに山口《やまぐち》で最初に受洗し、かつトルレスが山口から豊後に移るさいもこれに従ったことのある腹心ともいうべき内田トメという人物を、さらに純忠の下に遣わし、さきの純忠の申し出が確実であるかを確かめさせた。

これにたいし純忠は、重ねてこれが不変のものであるとし、デウスの教えを広めさせるため、修道士を一人派遣されたい。そして宣教師たちのためには教会を建て、収入をも与えよう。横瀬浦を大きなキリシタンの町とし、そこの家々にはポルトガル商人たちが商品を置いて安んじて泊れるよう、横瀬浦の港自体を教会領とする。そしてポルトガル人たちがこの港に来るなら、一〇年間彼らにいっさいの免税措置《そち》を講ずるとともに、他の多くの便宜をはかろう、と答えた。

内田トメは、純忠の回答を携《たずさ》えて豊後のトルレスの下に帰った。トルレスはこれを聞き、今後のキリスト教の布教の拡大に大きな希望を得て歓喜し、その具体化のため永禄五年（一五六二）六月五日、修道士ルイス゠デ゠アルメイダ、およびダミアンと称する優れた日本人を、豊後から横瀬浦滞在中の純忠の下に遣わした（『日本史』）。

彼らは博多をへて、同六月十五日に横瀬浦に到着した。その翌日、アルメイダは数名のポルトガル人とともに純忠の下に赴いた。アルメイダこそ純忠に会った最初のポルトガル人であった。

この会見で、横瀬浦内数カ所に会堂を建て、これに収入を与えるため、横瀬浦の港の周囲約二レグワの地を農民とともに教会に付すること、また同港内には宣教師の意に反して仏教徒の居住することを許さず、またポルトガル船が同港に入港したさい、これと貿易を行うために来る商人にたいしては、一〇年間いっさいの税を免除することなどを決定した(『長崎叢書』上、永禄五年九月二十八日ルイス＝デ＝アルメイダのイエズス会修道士宛書簡)。

なおこの決定にさき立ってアルメイダは、純忠の老臣朝長伊勢守純利にたいし、右のような横瀬浦開港の条件を純忠が示したことについて、同様に承認するか否かを質した。これにたいし、伊勢守もまた万事承認すると答えた。ただ、すべてのキリシタンが居ることとなる横瀬浦の土地の半分を大村純忠領とし、残る半分を教会領とするのがよかろうと述べた。

しかしけっきょく横瀬浦は、先述のように周囲二レグワの地の農民とともに教会領となったのである。ポルトガル人は、この横瀬浦を「御助の聖母の港」と名付けた(『イエズス会士日本通信』上、永禄六年十一月二日ルイス＝デ＝アルメイダ書簡)。

繁栄に向かった横瀬浦

こうして永禄五年(一五六二)六月開港をみた横瀬浦は、諸国から来住する者が多く、ポルトガル貿易港として急速に繁栄に向かっていった。ルイス＝フロイスは、

その土地は人びとも家並みも増加していった。それはそこに住むために、豊後・博多・山口・

> 平戸、それにみやこからさえも大勢来たからであった。その理由は、一つは港であったからであるが、もう一つは、どれほど慈父的愛情をもってぱあでれコスモ＝デ＝トルレスから扱われるかを彼らが知っていたからであった。（『日本史』）

として、平戸のほか、豊後・博多・山口、さらに遠く京都からさえ来住する者のあったことを記している。『新撰士系録』巻五上も、開港以後、諸国の商人がこの地に来会し、市町を構えて貿易を開始したとしている。ルイス＝フロイスは、横瀬浦の開港にさいして純忠は、老臣の一人にここに住むよう命じ、なにごとも宣教師の忠告や意見を聞いてから行うよう命じたという（『日本史』）。

この点について、『新撰士系録』朝長氏項によると、永禄四年（一五六一）から同十一年の間惣役《そうやく》であった朝長伊勢守純利の弟朝長新助純安が、横瀬浦にあって、針尾《はりお》伊賀守とともに奉行をつとめたとしている。ルイス＝フロイスは老臣伊勢守純利の弟が奉行となったのを、純利自身が奉行となったものと誤解したものとみられる。

横瀬浦が新たなポルトガル貿易港として脚光を浴びてきたことは、当然平戸の衰微をもたらした。この点について、純忠受洗後の段階であるが、『大曲記《おおまがりき》』は、

> 大村殿としてよこせ浦に町たてて南はん（蛮）船をよび取被成《なされ》候間、大村純忠きりしたんに御成候間、平戸津のゐきれんしやも、よこ瀬浦のことくひけ申候間、諸国のあきない船も平戸の瀬戸を打通り、よこ瀬浦へとおりければ、知下（地）に居住の族人《ぞくじん》も、よこせへとなをり候間、平戸は大かた物

さひ（寂）しく成候事も子細有事《しさいあること》にて候

として、横瀬浦の発展が、平戸の衰退の上にもたらされるという、表裏一体の関係にあったことを示している。

純忠の受洗

トルレスとの交わり

横瀬浦は、大村領で最初に西欧文化の波を受けることとなった。純忠は、永禄六年（一五六三）の四旬節《しじゅんせつ》の第二週に、横瀬浦に滞在中の日本布教長コスモ゠デ゠トルレスに会いに同地に赴いた。純忠は訪問にさき立って進物《しんもつ》を届け、その後数名の大身の部下を従えてトルレスを訪問した。トルレスは純忠の好意をみて喜び、その後さっそく五名のポルトガル人を伴って純忠の宿所に答礼に赴き、住院で食事をするよう請うた。純忠はこれに応じ、数名の部下を従えて住院に赴いたが、そのさいポルトガル人たちは、可能な限り最高の接待につとめた。

食事の後、トルレスは純忠を脇へ連れて行き、その訪問に感謝するとともに、自らと家臣のため最良の教えを求められるよう述べた。そしてあらかじめ飾っていた聖母の像のある祭壇に案内した。純忠はこれが非常に気に入り、説教を聴こうと述べた。修道士ファン゠フェルナンデスがこれに応じて説教すると、純忠はこれに耳を傾け、理解につとめた。

トルレスはさらに、純忠に贈呈《ぞうてい》するものとして、さきにガスパル＝ヴィレラがトルレスに贈ったJESUSという銘《めい》と、その上方に三本の釘のついている十字架を配した金扇《きんせん》を用意していることを述べた。

純忠はフェルナンデスに、この文字の意味を尋ねた。フェルナンデスはトルレスが、この名前を純忠の心に深く刻《きざ》みつけられるのを見たい熱望を有していること、しかしそのためには、さらにいっそうの時が必要である。それゆえ殿《との》は説教のさい、種々の題目《だいもく》を聴く決心をしていただきたい旨を述べた。純忠もまたその決心である由を答え、宿所へ帰った。純忠の心は徐々にキリスト教に傾いていった。

トルレスは翌日、ポルトガル人を伴い、前日の訪問の礼のため純忠の館へ赴いた。その夜純忠は多くの部下を従えて住院に来た。彼は皆を庭に残し、主席老臣の弟朝長純安《ともながすみやす》ことドン＝ルイスのみを伴い家内に入った。トルレスは体調が優れなかったので、修道士ファン＝フェルナンデスを代わりに立て、天地創造・三位一体《さんみいったい》の玄義《げんぎ》・アダムの罪・人類救済の方法・最後の審判《しんぱん》等々について純忠に語らせた。純忠はそれにあきたらず、JESUSの名前などについての説明を求めた。そしてフェルナンデスの説明を聴き、大いに喜んだ。

その翌日純忠は、その寵臣《ちょうしん》ドン＝ルイスをつうじて、自分はかなり信仰のことが理解できた。それでも神が自分に嗣子を授けられたならば、自分は自由な立場になり、キリシタンとなろうと決心している、とトルレスに伝言してきた。

トルレスはこれにたいして、純忠が信徒となろうとしている態度を賛《たた》え、その家族や家臣にたいしても説教を聴くよう勧めていただきたい、などのことを答えた。

トルレスはキリシタン等の勧告により、これよりさき大村で発生した二人の大身間《だいしん》の騒動に関し純忠を見舞うため、修道士ルイス＝デ＝アルメイダを大村に赴かせた。大村では暴動が生じていた。しかし純忠は、この騒動で最初に相手を侮辱した方を追放し、問題を解決した（『日本史』）。

永禄六年（一五六三）に入って、修道士アルメイダおよびパウロの両人は、横瀬浦で布教し、同年三月までのうちに約二五〇人の者に洗礼を授けた（永禄六年三月二十五日付ファン＝フェルナンデス書簡）。

その後純忠は再び横瀬浦へ赴き、朝長純安《ともながすみやす》を通して、自分が横瀬浦滞在中に住める館を教会の後に建てる許可を与えられるよう、トルレスに願わせた。トルレスは、この地が教会に寄進されたとはいえ、元来純忠の所領である。それにもかかわらず、この申し出をした純忠の謙虚さに驚いた。

いっぽう、このころ来日して日浅いルイス＝フロイスは、大村に到着して早くも四日の後には、六〇余人の者に洗礼を授けた。その後フロイスは、鍍金《ときん》の寝台、絹の敷布団および美しい掛布団、天鵞《てんが》絨《じゆう》の枕を、そしてポルトガル船の船長ドン＝ペトロ＝デ＝アルメイダは、ボルネオの精巧な椅子および四、五反の絹を純忠に贈った。

純忠は大村に壮麗な会堂を建てようとして、朝長純安をトルレスの下に遣わし、会堂を建設するにふさわしい場所を指定するよう求めた。しかしこのころ、早くも熱心な仏教徒らは会堂を建設すれば受洗者が増えるとして、そのことに反対した。

受洗をはたす

受洗を決意したある日、純忠は兄有馬義貞《ありまよしさだ》に会った。その時純忠は、頸《くび》に十字架を懸《か》けていた。これを見た義貞は、キリシタンなのか、と純忠に尋ねた。純忠はそうである旨を答えた。ところがそれにたいし、義貞は不快の色を顔に出すことをしなかった。これを見た純忠は、ほっとして気持ちを落ち付けることができ、いよいよ受洗の決意を固めた。

その後純忠は大村に帰ったのち、二、三〇人の大身を従えて横瀬浦に戻ってきた。そして自分はトルレスに会って話したいことがある。しかしその前にトルレスの意見を聞きたいが、そのため自分の希望をトルレスに伝えてくれるよう、日本語のよくわかる者を当方に送ってもらいたい、と伝言してきた。

そこでトルレスは、優れた理解力のある日本人一人を純忠の下に遣わした。両人は話にふけり、深《しん》更《こう》に及んだ。その日本人はトルレスの下に帰り、トルレスが純忠にたいし、ある一つの条件を認めれば、純忠が入信する決心である旨を伝えた。

それは、下《しも》の地方で最も重要人物の一人とされる有馬義貞という熱心な仏教徒を、純忠は兄にもっている。この兄の手前純忠は、領内の仏像を焼き払うことも、また僧坊を破却するわけにもゆかない。しかし自分は決して彼らの援助はしない、さすれば彼らは自滅するであろう。このことを認めてもらうことができるか、ということであった。トルレスはこれを認め、純忠に洗礼を授けることとした。

これを聞いた純忠は大いに喜んだ。そしてその夜、純忠は横瀬浦にあった家臣を伴って教会へ赴き、夜が明けるまで説教を聴いた。トルレスは、純忠が教義に関する理解を深めているように思ったので、純忠に洗礼を授ける決心をした。そしてその洗礼がいっそう荘厳に行われるようにするため、トルレスがポルトガル人たちを呼び集めようとした。それにたいし純忠は、その必要はない、代父《だいふ》になってくれる人が一人いればそれで十分だ、と言った。

純忠は大身たちの真中で跪《ひざまず》き、他の人たちよりもいっそう謙遜のしるしを表して両手を上げた。トルレスは純忠に洗礼を授け、ドン゠バルトロメウという教名を与えた。純忠に従って来ていた大身もまた、同様洗礼を受けた（『日本史』）。なお永禄六年（一五六三）十一月二日の修道士ルイス゠デ゠アルメイダの書簡によると、この時「部下の主要なる君二五人」の者が受洗したとしている。

この純忠の肝腎《かんじん》の受洗日が、永禄六年のいつであったのかが、遺憾ながら史料的に明らかにすることができない。ヨゼフ゠フランツ゠シュッテ神父は純忠の受洗が、永禄六年三月二十四日（一五六三年四月十七日）から同年六月五日（同六月二十五日）の間であったとしている（『大村キリシタン史料

――アフォンソ＝デ＝ルセナの回想録――』）。いましばらくこれに従っておくこととしたい。

ともかく純忠の受洗は、ザビエルがわが国に天文十八年（一五四九）に来朝してキリスト教の布教を開始して以来、わずか一四年目のことであった。比較的初期のキリシタン大名についてみた場合、たとえば純忠の実兄有馬義貞の受洗は天正四年（一五七六）でザビエル来朝以来二七年目、また豊後の大友宗麟は天正六年に受洗して同じく二九年目のことであった。そして義貞の子で、純忠・宗麟とともに少年使節を派遣した有馬晴信は天正八年の受洗であって、ザビエル来朝以来実に三一年目のことであった。このことをもってしても、純忠の受洗が他で比較していかに早期のことであったかがわかる。

なお大身の部下が洗礼を受けるのにさき立って純忠は、彼らにカテキズモ（教理）を暗誦《あんしよう》するようにと命じ、またトルレスに向かって、たとえ自分がキリシタンにならないようなことがあったとしても、彼らは誰も受洗を思い止まることはしないだろう、と言った。そしてもしできたら、インドから別の祭壇用の像が来た場合は、いま祭壇にあるあの御恵みの聖母の画像をいただきたい、自分はあの像に特別の信心を抱いているから、とトルレスに言った。

十字架の旗の下に

受洗の翌朝、純忠は兄からの出陣の求めに応じて出発した。彼はその途次、当時一般に軍神として人々の尊崇を受けている摩利支天像《まりしてんぞう》の側を通った。おそらく鳥甲《とりかぶと》城に祀られていたそれであろう。

通常、彼らはその傍を通る時は身を屈してこれに敬意を表し、騎乗《きじょう》の者は下馬をする慣わしであった。その摩利支天像は頭に雄鶏《おんどり》がついていた。

純忠が騎馬の一隊を率いてそこに来た時、彼は皆を控えさせておいて馬を乗り出し、その偶像を取り除けてそれを焼けと命じ、そして寺をもまた焼かせた。そしてその雄鶏に刀で一撃を加え、そのさい、おお、お前はこれまでいく度も予を瞞《だま》しおったな、と言った。そしてすべて焼け落ちた時、純忠はその同じ場所に立派な十字架を建てさせ、自分とその部下たちが丁寧《ていねい》に最敬礼してから戦場へと進んで行った（『日本史』）。さらに純忠は、養父純前《すみさき》の像（位牌《いはい》ともいう）を崇敬せぬのみか、これを焼却してしまったという（永禄六年十月二十九日ルイス＝フロイス書簡）。

このころ純忠は、立派な鎧《よろい》に身を固め、その上に陣羽織《じんばおり》を着ていた。その陣羽織は白地であったが、両肩の部分には地球を描《えが》き、しかも、その地球の中にはみごとな書体でJESUSと、INRIの四文字、そして十字架が書かれていた。白地の他の余白には三つの釘が描かれていた。同様のものが背面にも描かれていた。また頸《くび》には立派な十字架と数珠《じゅず》を懸けていた（『日本史』）。そして戦いに臨むさいには、トルレスから贈られた十字架の旗を掲げた（永禄七年無名の一ポルトガル人の書簡）。まさにキリシタン大名たるの観があったのである。

ポルトガル国王の親書

やがて宣教師の書簡によって、はるかなる日本の一地方の領主大村純忠が、キリスト教に入信したことを聞きおよんだ時のポルトガル国王ドン＝セバスチァンは、大いに歓喜した。そして永禄八年（一五六五）一月二十二日付をもって、純忠に宛てて親書を認められた。それはつぎのような内容のものであった。

高貴にして名誉ある大村の君

神の恩寵《おんちょう》に依りポルトガル及びアルガルベスの王たり、海外に於てはギネーの王たり、又エチオピア、アラビア、ペルシァ及び印度の征服、航海、貿易を管領する朕《ちん》ドン＝セバスチァン、卿《けい》に敬意を表す。貴国に住する耶蘇会《やそかい》のパードレ等の書翰《しょかん》に依り、我等の主が卿を導いて我聖教を悟《さと》らしめ給いしことを知りて大に喜び、此事全く彼等の働に因《よ》るを以て、朕は彼等を賞揚せり。卿が最も己《おのれ》に適当なるものを選び取りたることの如く、朕をして卿に負う所大なることを感ぜしむるものなく、又卿が行う所に依り、慈悲深き我等の主を識ることを示したることの如く、朕をして大なる満足の念を懐かしむるものなし。故に此書翰を以て之を卿に通知す。又朕に望む所あらば、常に喜んで之に応ずべし。

一五六五年二月二十二日、アルメリンに於て

（『長崎叢書』上）

この親書は、純忠にもたらされたはずである。そして、おそらく純忠からも返書を奉呈したものと思われる。しかし、残念ながらこれらを示すものは今日伝えられていない。

純忠の危機

老臣らの陰謀

さきに述べたように、純忠は横瀬浦の地で受洗した。これにともなって、以後その家臣で受洗する者が増加した。横瀬浦と大村の両地で、計一二〇〇余人のキリシタンが生まれていた（永禄六年十一月二日ルイス゠デ゠アルメイダ書簡）。

横瀬浦において修道士ファン゠フェルナンデスは、大村領各地から説教を聴くために集まってきた人たちにカテキズモ（教理）を教えることに忙殺《ぼうさつ》された。そして十分に信仰のことを教え込み次第、宣教師ルイス゠フロイスが彼らに洗礼を授けた。

ところがこうした活発な布教活動の展開は、保守的な仏教徒の家臣たちにとってはきわめて不快であった。そのため彼らは、純忠に謀叛を起こそうとした。この目的を達成するため、彼らはかねてから純忠を憎んでいる武雄の後藤貴明《ごとうたかあきら》と結託して、事を進めようとはかった。彼らは純忠が純前の跡を嗣いだにかかわらず、父純前の像（または位牌）を焼き棄てさせ、新しい異国の教えを領内に引き入れたとして、盛んに貴明を挑発《ちようはつ》した（『日本史』）。

この点に関する『日本西教史《にほんせいきようし》』の記述は、いっそう詳細で、具体的である。これによれば、純忠に謀叛をはかったのは、純忠の治世の補佐にあたるべき地位にあった一二人の老臣《ろうしん》であったという。彼らは、純忠が先祖の宗旨を改め、僧侶を追放し、老臣らに何の諮問《しもん》もなく、専恣独断《せんしどくだん》をもって神社仏閣を焼打ちしたことに怒り、後藤貴明に内通するにいたった。そして貴明に書を送り、右の事情を報ずるとともに、純前が実子貴明に家督相続をせず、他人である純忠に大村家を相続させたのは正当性を欠いたものである、として貴明を挑発した。

そしてさらに貴明の気をそそるため、⑴貴明が大村の領内を統治すれば、必ずや人心はこれに帰服《きふく》するであろう。⑵僧侶・老臣らはもちろん、小臣にいたるまで、皆純忠の残虐悖戻《ざんぎゃくはいれい》を憎んでいる。⑶貴明が大村に来れば、ただちに領主に立てるであろう。⑷このことについて、純忠はなんら阻止することはできない。⑸純忠の麾下《きか》の兵は少数であり、純忠はとうてい逃亡は不可能であろう。⑹純忠は寺院を焼き、軍神（摩利支天）の像をも焼却したゆえ、家臣らも皆純忠に叛意を抱いている。⑺農民たちも皆相謀《あいはか》って武器を携え、貴明のため出陣するであろう。⑻領内の要衝四カ所の守備を担当している針尾氏は、かねて純忠に凌辱《りょうじょく》せられて純忠に恨みを懐いている。故にその来襲があれば、貴明を助けるであろう、という八項目にわたる点を申し送った。

貴明の甘言

このような大村氏側の申し入れによって貴明は、純忠および宣教師・修道士のいく人かを、同時に殺害する決心を固めた。しかし、表面はこの謀略を隠し、純忠につぎのように伝えた。

キリシタンの教えは道理と真理にかない、貴殿が入信されたのはまことに結構なことであった。ついては我らもキリシタンになりたいと願っている。しかし我々は、多くの家臣を伴って横瀬浦に赴くことは不可能である。そこで、自分以下妻子、家臣、および奉公人もともに説教を聴き、洗礼を受けられるよう、万難を排して私の下に宣教師に来ていただきたい。そしてカテキズモを教えるため修道士一人、同宿たちも連れ、ミサや洗礼に必要な物も持って来てほしいという希望をトルレスに伝えていただきたい。

そうすれば、貴殿も望んでおられる種々の利益も生ずるであろう。第一に、貴殿の奥方が説教を聴き、心の準備をして、やがて今は嫌っておられる洗礼を受けられる事にもなるであろう。第二に、宣教師が教会を建てるのに適当な場所を捜し出して、さっそく建築の準備をするように。第三にもしトルレスが、自ら先述の者たちを訪問し、慰めてくれるとわかれば、大村の有力な家臣たちは、皆大きな満足と慰めとを与えられるであろう。

これを聞いた純忠は非常に喜んだ。彼は貴明、および狡猾《こうかつ》な老臣《ろうしん》らの裏切りをまったく知らなかった。

純忠はさっそく、老臣の筆頭朝長《ともなが》伊《い》勢守純利《せのかみすみとし》の弟で、横瀬浦の奉行であったドン＝ルイスこと朝長《ともなが》新助純安《しんすけすみやす》に、横瀬浦に滞在中のトルレス宛の書状を持たせ、貴明の下における諸人の改宗の結果生じる成果と、利益を説明させた。

トルレスの決意

トルレスはもちろんこの招きに応じ、貴明のいる武雄に赴く決心であった。しかし彼は高齢であるうえ、たまたま重病の床について赴くことができなかった。ルイス＝フロイスを代理として行かせたかったが、彼は一月半前にインドから来日したばかりであり、日本語や、日本の習慣にまだ通じていなかった。そこでトルレスは、病がいくぶん平癒《へいゆ》した時点で、自分自らこの敬虔《けいけん》な要求に応ずるため赴くであろうと答えて、ドン＝ルイスを帰した。

ドン＝ルイスは、この返事を持って大村の純忠の下に帰った。純忠の下の老臣たちは、事態が延期すれば隠謀が発覚すると考え、トルレスが行けぬというのであれば、ルイス＝フロイスを修道士ファン＝フェルナンデスとともに同地に赴かせられるようお願いしたい。宣教師がすることは、洗礼を授けることと、ミサをあげること以外に何もなく、修道士ファン＝フェルナンデスがカテキズモを教えるため必要な他のことを必ず行うでありましょう。赴くことを延期されぬよう、何よりもお願いする、と述べた。

そこでトルレスも、やむなくこの求めに応じ、ルイス＝フロイスと修道士ファン＝フェルナンデスとを赴かせることとした。しかし、やがて聖母被昇天の祝日が近づいてきた。トルレスはこの日誓願をたてることとなっていた。このためトルレスは、その日まで赴くことを待って欲しい、そうすればルイス＝フロイス、ファン＝フェルナンデスらを伴い、自分も赴くことが出来るであろうと述べた。

横瀬浦のキリシタンたちは、トルレスに大きな親愛と尊敬の念を抱いていた。彼らは誓願とは何かさえ知らなかった。彼らはトルレスが司教になられるのだとし、皆でこれをお祝いせねばと口々に言って、往来や戸口を緑の枝で飾り、旗を掲げ、祝日の着物を着て、まるで復活祭のような有様となった。

当時横瀬浦にはドン゠ペトロ゠ダ゠ゲーラの乗船、フランチェスコ゠カスタンのガレオン船一隻、およびゴンザロ゠ヴァス゠デ゠カルバリヨが船長として乗っていた、シャムの大型ジャンク一隻が碇泊していた。彼ら乗組員たちも、トルレスの徳と親切さにたいし、尊敬と親愛の念を抱いていたので、船を旗で飾らせ、大砲の用意を整え、盛装した。

聖母の日の晩課《ばんか》を子供たちが歌い、ルイス゠フロイスがその晩課の終わりの集禱文《しゆうとうぶん》を誦《とな》えていたその最中に、彼は激しい悪感《おかん》を伴った熱病の発作に襲われ、立っておれないほどとなった。しかしポルトガル人の告白を聴かねばならず、彼は苦しみを抑えてこれを聴いた。

いっぽう病床にあったトルレスは、修道士たちに抱えられて教会に赴き、誓願をした。ルイス゠フロイスは聖母の日、ドン゠ルイス、および修道士ファン゠フェルナンデスとともに、後藤貴明の下に出発する準備をしていた。しかしドン゠ルイスは、二人の宣教師がともに床についているため、とうてい彼らは赴くことができないと考え、トルレスに別れをつげ、乗船していた従者とともに大村に帰ることとし、日没になって装備のよい船で出発した。

暗殺者針尾伊賀守

反逆者たちはドン＝ルイスが三日間も宣教師らを待ったのであるから、当然ルイス＝フロイスおよび修道士ファン＝フェルナンデスを伴って来るであろうと確信していた。

そこで彼らは、殺害の目的を達成するため針尾《はりお》氏と結託した。西彼杵半島の北端の針尾島に本拠をおく針尾伊賀守は、大村湾にのぞむ潮流のはげしい海峡である伊ノ浦《うら》瀬戸の側の針尾《はりお》城に拠城を構えていた。彼は純忠からドン＝ルイスこと朝長新助純安とともに横瀬浦の奉行人に任ぜられておりながら、謀叛に加わった。

彼は伊ノ浦瀬戸に武装した部下を乗船させて待機し、横瀬浦から来るルイス＝フロイスの一行を殺害する。それが達成されたら、ただちに老臣らに大村の館にある純忠を襲ってこれを殺害させるため狼煙《のろし》をあげる、という手筈を整えていた。

永禄六年（一五六三）七月二十七日夜、ドン＝ルイス（朝長純安）一行が、予定どおり伊ノ浦瀬戸にさしかかった時、待機していた針尾氏の手の者は夜陰に乗じて彼らに襲いかかり、一人残らず殺害してしまった。彼らはこの時、ルイス＝フロイスおよび修道士ファン＝フェルナンデスも殺害したものと確信した。そこでかねての約束どおり、彼らは狼煙《のろし》をあげた。

これを見た大村の反逆者たちは、ただちに純忠をその館に襲った。

純忠急襲される

大村館にあって、とつぜん逆臣のため襲われた純忠は、当時年も若く、そのため軽快かつ敏捷《びんしょう》であった。彼はかろうじて、宣教師がその年彼に与えた聖母の小さな祭壇用画像を手に取り、機敏《きびん》に塀《へい》を跳《と》びこえて野外に出、うっそうとした森に分け入り、多良岳《たらだけ》に登ってそこの寺に逃れた（もっとも『日本西教史』は、純忠は逃亡の途次、中国人にひそかに食事を給せられる等して、近くの小城に逃げ込んだとする）。反逆者たちは武装した大勢の部下をともなって純忠の館に侵入し、目ぼしい物を一つ残らず略奪したうえ、館を焼き払い、これを破壊した。

叛徒のクーデターにあった純忠は、こうして放逐《ほうちく》され、その領国は彼らに一時制圧されたのである。このクーデターは、その主謀者が純忠側近の老臣らによって計画されたこと、また首都大村をはじめ、横瀬浦や針尾島と各地で乱が起こされていること、純忠自身落命の危険がきわめて大であったことなどの点から、純忠の治世中もっとも深刻な謀叛の一つであったといわねばならない。

この時点で大村氏の領国支配は、その中枢機能をほとんど停止していたのである。

その後まもなく、ドン＝ルイス（朝長純安）とその一行が殺害されたとの悲報が横瀬浦にもたらされ、それとともに純忠もまた殺害されたとの誤報まで流された。そしてさらに、横瀬浦に碇泊《ていはく》中の船もまた襲われるであろうとの噂が流れた。このためポルトガル人たちは大いに狼狽《ろうばい》した。

豊後商人の放火

当時仏教徒である豊後の商人たちが横瀬浦にあり、彼らは大量の絹をポルトガル商人たちから買い入れるため、銀を用意して待っていた。彼らはこの争乱に乗じてポルトガル人を殺し、彼らが陸揚げした豊富な財貨を奪おうと考えた。そして何の理由もなくポルトガル人たちと争いを始め、たちどころに二、三人を殺した。

豊後の商人たちは、新しく造られて繁栄に向かいつつあったこの町に火を放った。火はたちまち市街を襲い、甲高《かんだか》い婦女の絶叫、子供たちの泣き喚《わめ》き、町民全体の狼狽《ろうばい》が加わり、恐しい光景が展開した。ポルトガルの商人たちは、急きょ船に乗り込んで諸方に逃れた。

横瀬浦のキリシタンたちは、宣教師および修道士たちが身の安全を守るため、即刻ポルトガル船に逃れるよう、トルレスに頼んだ。なぜなら、反逆者たちが今にも教会と町に襲いかかるとみられたからであった。ところがこの時、トルレスおよびルイス＝フロイスの両人ともに病床に臥していた。

豊後の商人たちは、彼らが乗船しようとしていたその瞬間これを捕らえ、蔵に入れて内外から見張った。豊後の商人たちは、以前そのポルトガル船の商人にたいし、六万クルザート以上を渡していたが、今回の狼藉により、彼らが渡した金に見合う商品を与えず出帆《しゅっぱん》してしまうのではないかと懸念したからであった。

かくてトルレスらが豊後の商人たちのため、人質として三、四日抑留されている間に双方で協定ができ、ポルトガル人たちは、後で豊後の商人に商品を引渡した。

ともあれ、横瀬浦および大村の地を中心とした騒擾《そうじょう》で、大村氏の領国は荒廃した。なかでも新しい横瀬浦の町は開港後わずか一年余りで灰燼《かいじん》に帰し、教会もまた焼失し、破壊された。方々から来ていたキリシタンたちは追いまくられ、ちりぢりとなってしまった（『日本史』）。

多良岳に逃れていた純忠は、ほどなく大村に帰った。叛徒も大半は帰順してきた。純忠は、彼らのほとんどを処罰することなく宥《ゆう》した（『日本史』）。キリスト教的寛大さによるというより、むしろ周囲に頼むべきものとてなかった純忠としては、処罰しようにもできなかったというのが真相であろう。クーデターの痛手は大きく、純忠は領国支配を回復するのにほぼ三年間を要した（『日本要録』）。その後元亀元年（一五七〇）九月の修道士ミゲル＝バスの書簡によれば、彼はクーデター以来、この時にいたってもなお失意の状態から脱することができずにいたという。

尾を引いた後遺症

後藤貴明と内通した老臣たちによる隠謀の根は深かった。貴明は純忠を排除しようとして、永禄九年（一五六六）七月にも大村領野岳《のだけ》（大村市五の郷）に侵入した。この時大村氏一族で大村純伊の五男松原兵部太夫純照《すみてる》・大村右衛門父子三人、および国人《こくじん》領主出身の先述した針尾伊賀守・神浦《こうのうら》弥平兵衛入道玉鳥、その他の者がこれに内応している。

そこで緒方大隅《おがたおおすみ》が松原兵部太夫を射殺し、一瀬薩摩《いちのせさつま》が神浦玉鳥を討ち、そして一瀬八郎兵衛が針尾伊賀守を組み伏せたところに、針尾氏の家来大曲舎人《おおまがりとねり》という者が駆け寄って八郎兵衛を討ち取り、主人を助けた（『大村家覚書』）。

永禄六年（一五六三）に叛いた針尾伊賀守が、純忠に宥されてのち、再度叛いている。純忠の伊賀守にたいする甘い処置が、このような事態を招いたのである。このさいもまた純忠は、伊賀守にたいして処分をしていない。そのことが後年、またもや同氏の松浦氏への内応へと進展することは後述する。

なお神浦《こうのうら》氏は、彼杵郡神浦（長崎県西彼杵郡外海町神浦）の出身である。外海筋《そとめすじ》の者の中からも叛徒が出ていることは注目すべきであって、貴明の工作が広範囲におよんでいることを示している。

その後も宮村《みやむら》（佐世保市萩坂町）の領主である大村参河守純種《みかわのかみすみたね》が、永禄十二年（一五六九）七月純忠に叛き、後藤貴明に属している。

もと宮村の地には、在地領主として宮村通定《みやむらみちさだ》という者があった。しかし永正十年（一五一三）家臣の叛乱にあって宮村氏は滅亡した。この後に大村氏は一族の大村太市左衛門《たいちざえもん》を同地に封じ、一門による支配体制の拡充をはかった。純種はその嫡子である。彼は大男で、すさまじい面相の持ち主であった。彼の叛意が何によるのかは明らかでない。いずれにせよ、一門の中からも謀叛人が出ていることは事態の深刻さを示している。

純忠はその謀叛を聞くと部下を率い、海路宮村に攻撃に向かった。後藤貴明《ごとうたかあきら》・松浦鎮信《まつうらしげのぶ》が、ともに純種を援け、七月四日宮村葛ノ峠で防戦した。純忠は不利となり、いったん軍を撤退した。そのさい、小佐々《こささ》弾正《だんじょう》純俊《すみとし》・大村源次郎純定《すみさだ》が殿《しんがり》をつとめ、戦死した。

その後純忠は、再度純種《すみたね》を攻撃してこれを降した。のち天正七年（一五七九、同九年説もある）、純忠は龍造寺隆信の命を受けて佐賀に赴き、隆信と対座《たいざ》したとき、純種を護身役としてつぎの間に控えさせていたことはさきにも述べた。このように純忠は、いちど叛いた純種を許したのみか、大いに利用さえしている。

Ⅳ　福田浦開港前後

新貿易港福田浦

福田浦の開港

横瀬浦《よこせうら》壊滅後の永禄六年（一五六三）十月ごろ、カピタン＝モール、ドン＝ペトロ＝ダ＝ゲーラの船が横瀬浦に入港し、純忠の訪問を受けたこともあったが、その後、再びポルトガル船は平戸《ひらど》に入港するようになった。永禄七年には三隻のポルトガル船が平戸に入港している。そのうちの一隻は横瀬浦港外に到着したが、人を遣わして港内を探したが住人を発見することができず、やむなく平戸に向かったものであった（岡本良知氏『十六世紀日欧交通史の研究』）。横瀬浦は完全に潰滅したのであった。

翌永禄八年八月、カピタン＝モール、ドン＝ジョアン＝ペレイラの指揮する船が、またもや平戸に赴こうとして来航した。トルレスは、松浦氏のキリスト教およびポルトガル人にたいする悪い態度を説き、平戸に入港せぬよう懇請《こんせい》した。

ペレイラは躊躇《ちゆうちよ》なく船を引返し、新たに大村純忠領の福田浦に入港し、そこで貿易を開始した（『日本史』永禄八年八月二十九日、修道士ファン＝フェルナンデス書簡）。これがポルトガル船の福田浦入港の嚆矢《こうし》である。純忠は、横瀬浦壊滅後およそ二年にして、再び自領内にポルトガル船の入港と、それによる貿易の復活に成功したのである。

ペレイラは福田《ふくだ》浦に上陸したが、そのさい、イタリア人司祭アレキサンドロ＝バラレッジオを同伴していた。トルレスは、これに加えてさっそく修道士ルイス＝デ＝アルメイダを、ついでメルショール＝デ＝フィゲイレトを福田に赴かせた。来航したポルトガル人のためミサを捧げ、告白を聴かせるというのがその目的であった（『日本史』）。

領主福田兼次の理解

新たにポルトガル貿易港となった福田浦は、今日の長崎市福田本町・大浜町の一帯である。長崎港の北方裏手にあり、当時ほとんど崩壊したとみられる彼杵荘《そのぎのしよう》の一角にあって、外海にのぞんだ港を形成していた。

福田浦の在地領主は福田氏である。同氏については、すでにふれたように、治承四年（一一八〇）彼杵荘老手《おいて》・手隈《てぐま》両村（長崎市手熊町）の定使職《じようししき》に任ぜられ、隈平三《くまへいぞう》との字《あざな》をもつ平兼盛《たいらのかねもり》を祖としている。その後同氏は鎌倉幕府下にあって地頭御家人とされ、兼信《かねのぶ》がはじめて福田氏を称した。そして以後も同地に住みつき、国人領主として近隣に勢いを振るっていたらしい。永禄八年（一五六五）当時の領主は福田左京亮兼次《かねつぐ》であった。『長崎港草』は、福田浦開港についてつぎのように述べている。

大村民部《みんぶ》少輔《しょうすけ》純忠、福田の地頭福田左京ニ申越レケルハ、彼黒船ハ鉄砲西洋砲ナドモ積乗セ来レバコレヲ他所ニヤルベカラズ、諸ノ軍器多シト云ヘドモコレニ勝ル者アルコトナシ、殊更今ハ諸国合戦ノ最中ナレバ之ヲ望ム者多カルベシ、其心得アルベシト也

としている。『長崎拾芥《ながさきしゅうかい》』もほぼ同様のことを記している。両者ともに、純忠がポルトガル貿易の利を福田左京亮兼次《さきょうのすけかねつぐ》に説いて、開港を承諾させたとしている。

兼次もこのころ入信して教名をジョーチンと称したが、永禄十一年（一五六八）宣教師アレキサンドロ＝バラレッジオが福田に到着したさいも、兼次はこれを大いに歓迎している。兼次の子が忠兼《ただかね》であり、さらにその子が兼親《かねちか》で、おそらく天正年代に入ってから純忠の女《むすめ》を妻とすることとなったが（先述）、純忠と福田氏との福田浦を媒体とする密接な主従関係を示すものということができよう。

純忠福田浦へ赴く

こうして、純忠の意を受けた在地領主福田氏自身の温かい理解と保護とによって、福田浦はようやく貿易港として活気を呈していった。それはまたキリシタンの町としての発展をも意味した。領主兼次自身の改宗により、住民もキリシタンになる者が続出した。修道士ルイス＝デ＝アルメイダは福田浦に上陸したさい、同港のキリシタンから大いに歓迎されたという（永禄九年九月八日ルイス＝デ＝アルメイダ書簡）。

こうして永禄十年冬には、いっきょに二五〇〇名が入信しており、そのため翌永禄十一年には福田浦のキリシタンは約一〇〇〇名にも達したという（永禄十一年九月三十日ルイス゠デ゠アルメイダ書簡）。

純忠もまたしばしば福田浦を訪れた。永禄八年アルメイダが純忠を大村に表敬訪問した後、純忠は福田浦に多数の供を連れて、カピタン゠モールおよび他のポルトガル人を訪問した。まず、開港後まもなくメルショール゠デ゠フィゲイレトによって建てられた教会に足を踏み入れ、祈りを捧げた。そしてメルショール゠デ゠フィゲイレトを引見し、デウスのために勤労したことを感謝し、また援助の約束をした。そして純忠を歓迎するため教会に来たカピタン゠モールや、船長および他のポルトガル人たちと会見した。

彼らは純忠をポルトガル商船に案内し、饗宴《きょうえん》を開いた。ポルトガル人たちは大いに喜び、和《なご》やかな空気が流れた。純忠はこの日、福田浦に一泊して、翌日大村に帰った（『日本史』永禄八年九月二十九日メルショール゠デ゠フィゲイレト書簡）。

アルメイダは福田浦滞在中に、大村の純忠から、七歳になる女《むすめ》が重病に陥っているのを治療して欲しいとの連絡を受けた。そこで彼はこれに応じ、一人の日本人修道士を伴い大村に赴いた。そしてこれを治療するとともに、純忠とその家臣たちに説教をした。純忠は入信後、保守的な仏教徒の重臣たちから起こされたクーデター、その他の圧迫のため、ここ二年来宣教師や修道士らとも会っていなかった。

純忠はアルメイダに種々の質問をした後、あるいは霊魂の救済のことについて忘れてしまったかも知れないキリシタンの家臣たちに説教をすることを懇請した。説教に先立って食事をしたさい、純忠はアルメイダを必ず自分より上席につけた。そして説教のさいは、自らもはるか離れた家来たちの中に座を占めるという、大いに謙虚な態度を示し、アルメイダを驚かせた（『日本史』）。

松浦軍福田浦を襲う

こうして福田浦は、横瀬浦に代わる大村氏の新たなポルトガル貿易港として発展を始めた。しかしこのことは、平戸の松浦隆信を大いに刺激した。

たまたま一人のポルトガル人が、船で大村から平戸へ赴いた。その船には四人のキリシタンが乗っていた。彼らは、純忠の籠手田安経《こてだやすつね》宛書状を持っていた。安経は松浦氏の重臣で、キリシタンとなり、教名をドン＝アントニオと称していた。安経と純忠はともにキリシタンとして、かねて懇意の間柄であった。

隆信は、安経が純忠と内通したものと誤解した。隆信はこの書状のことを聞くや、さっそくこの四人の者を捕らえ、四つ裂《ざ》きにして惨殺《ざんさつ》してしまった（『日本史』）。こうして大村・松浦両氏の間には、不穏な空気が漂《ただよ》いはじめた。

隆信は、ついに福田浦にたいして海から攻撃を加え、そこに碇泊しているポルトガル船を捕獲《ほかく》し、積載品を略奪しようとはかった。この松浦氏の福田浦襲撃に関するルイス＝フロイスの記述は詳細をきわめている。

それによると隆信は、当時たまたま絹の買い付けのため平戸に入港していた堺の商人たちに働きかけ、福田浦のポルトガル船を捕獲した暁には略奪品を彼らと分かち合うこととし、堺の商人たちの持つ大型船八隻ないし一〇隻をも攻撃に参加させるとの約束を彼らとの間に交わした。そしてこれと七〇隻の小舟に分乗した松浦氏の選り抜きの家臣とが、連合して攻撃に向かうこととなった。彼らは合戦に必要な武器・弾薬を装備し、ポルトガル船に乗り移るための渡り板をも周到に準備した。

当時平戸に滞在していた一人の司祭バルタザール゠ダ゠コスタはこのことを知るや、攻撃の前日、ひそかに福田浦にいたカピタン゠モールのドン゠ジョアン゠ペレイラ、およびメルショール゠デ゠フィゲイレトのところに、その攻撃のあることを知らせた。しかしこの両人は報告を受けても容易に信ずることができず、かえって嘲笑する有様で、なんの対応措置《そち》も講じなかった。

このため翌早朝、とつぜん松浦氏の攻撃船が福田浦に侵入して来るのを見た時、彼らはまったく驚いてしまった。この時福田浦には、ポルトガル船のほかに、マラッカのカピタンであるドン゠ディオゴ゠デ゠メネーゼスの小型ガレオン船と、幾人かの中国の商人たちの船があった。陸上でのんびりしていたポルトガル人たちは、松浦氏の攻撃船を見つけるや、急きょポルトガル船に乗り込もうとしたが、それができず、やむなくガレオン船に乗り込んだ。

松浦軍の八隻の大型船は、大胆にもポルトガル船を包囲した。そして堺で製造された大型のモスケット砲を発射し、ポルトガル船の砲術長を射殺し、同時に槙皮師《まいはだし》および二人のポルトガル人をも殺した。

ポルトガル船には、奴隷を除いて戦闘可能な者が約七〇名いたが、その装備はきわめて劣悪であった。松浦軍は狂気のごとく攻撃を始めた。そのため船上のポルトガル人たちは、苦戦を強いられたが、ガレオン船のポルトガル人たちが掩護射撃をし、これが攻撃をしかけてきた松浦軍の軍兵によく命中したため救われた。

戦闘は約二時間続いた。この間一発の弾がカピタン＝モール、ドン＝ジョアン＝ペレイラの頭に命中したが、彼は幸い鉄兜《てつかぶと》を被っていたため、危く一命をとりとめた。

このように松浦軍は、最初から武装して福田浦に乗り込んできた。そして鉄砲と弓矢で戦力を発揮した。しかしポルトガル人の乗ったガレオン船の大砲で、松浦軍は三隻の大型船を撃破され、退却してしまった。けっきょくこの戦闘で、ポルトガル側は八人の死者を出したが、いっぽう松浦軍は約八〇人が戦死し、二二〇人以上が傷を受けた（『日本史』）。

ともあれこれによれば、松浦軍と交戦したのは現地の領主福田氏ではなくポルトガル人であり、その大砲がこれを撃退するのに威力を発揮したのであった。

宣教師バルタザール＝ダ＝コスタの書簡（『長崎叢書』上）によると、松浦氏が福田浦に送りこんだ船は五〇余隻であり、また平戸に敗退した松浦軍は、六〇余人の死者と二〇〇余人の負傷者を載せていた。そして六〇余人の死者中、名ある者が二〇余人あったとして、ルイス゠フロイスの記述とやや相違する。いずれとも断定できない。ただこの戦闘が、永禄八年（一五六五）のいつのことであったかについて記録するものがないが、右の戦闘を報じたコスタの書簡が、永禄八年九月二十九日付で記されているところからすれば、これより少し以前のことと思われる。

福田浦の限界

永禄九年（一五六六）にはカピタン゠モールとして、シマン゠デ゠メンドウサが福田浦に入航した一隻のポルトガル船で来航した。宣教師ジョアン゠カブラルは、純忠の求めによって福田浦に赴いた（岡本良知氏『十六世紀日欧交通史の研究』）。そして福田浦滞在中のポルトガル人は、彼杵の叛徒の鎮圧に純忠が苦慮していることを聞き、多数の小銃を彼に貸与した。純忠がこれによって叛徒を退けたことはさきに記したとおりである。

同船が福田浦を出航するにさいして、純忠はカピタンおよびポルトガル人に別れを告げるため同港に赴き、病身を同船に横たえていたカブラルを見舞った。

永禄十一年（一五六八）六月二日、ポルトガル商船が福田浦に入港した。宣教師アレキサンドロ゠バラレッジオが同船に便乗して福田浦に上陸した。二年前の永禄九年には、ガスパル゠ヴィレラとカブラルの両司祭が福田浦に駐在したが、その後イエズス会士の福田浦入部はなかった。

久しく宣教師に会うことのなかった福田浦の住民は大いに喜び、ある者は宣教師の衣服に接吻し、他の者は足または手に、さらに他の者は宣教師の立った地面に接吻し、歓喜《かんき》の涙をもって迎えた。ジョーチンこと福田左京亮兼次も彼を会堂に訪問し、随喜《ずいき》の涙をもって歓迎の意を表した。二日後純忠もまた歓迎のため、二人の老臣を遣わした（永禄十一年八月十三日アレキサンドロ＝バラレッジオ書簡）。

こうして福田浦は、ポルトガル貿易港として機能を発揮していった。しかし同港は直接外海にのぞみ風波が激しく、船舶の碇泊に不便であり、かつ危険であった。この点について、『長崎港草』は、

扨《さて》黒船ハ年ゴトニ福田ニ来着アリシカドモ、此処ハ風波烈シク船カカリモ悪シ、何レノ港ニテモ風波ノ凌《しの》ギ安キ所アルトヤ尋ネ（下略）

とある。そこで福田浦に代わるより安全な港の発見につとめた。こうして彼らは、ついに貿易港としての長崎を発見し、これに移ることとなるのである。

キリスト教の発展

信徒の増大

永禄六年（一五六三）七月のクーデターで老臣らに追われ、一時その所在さえも明らかでなかった純忠も、永禄九年（一五六六）ごろまでのうちには、ほぼ領国支配の体制を回復していた（『日本要録』）。

こうした領内の安定が得られた中にあって、純忠は永禄十年（一五六七）、口ノ津《くちのつ》に滞在中のトル

レスを訪ね、家臣に洗礼を授けるため宣教師を一人派遣されるよう請うた。このためトルレスはアルメイダを赴かせることとした。彼は大村に行き、多数の者に教義を説き、帰途長崎に立ち寄り、新たに五〇〇名に洗礼を授けた（永禄十年九月十八日アルメイダ書簡、その他）。

トルレスもまた翌永禄十一年口ノ津より長崎に行き、さらに福田浦に到った。純忠は福田浦に赴いてトルレスに会い、大村に来て妻子に洗礼を授けられるよう求めた（永禄十一年、修道士ミゲル＝バズ書簡）。これにたいしトルレスは、多くのポルトガル人を伴って純忠を宿に訪問し、ついで二日間協議のうえ、巡察のため大村に行くことを決定した。

こうしてトルレスは、五人のポルトガル人を伴って大村に着いた。永禄十一年（一五六八）十月初めのことである。純忠はさっそく彼をその旅宿に訪問した。トルレスもまた答礼のため純忠を訪問した。ついで純忠は、さらに同年生まれたばかりの嗣子喜前を伴い、トルレスを訪れた。

純忠は、老臣《ろうしん》たちを召集してトルレスが領内に来たことを明らかにし、彼がすぐ領外に立ち去らぬよう求めたいこと、また会堂を建設すべき地所を教会に与えたいことを述べ、老臣らの意志を問うた。これにたいし、一同みな賛成した。こうして会堂建設のための地所が教会に贈られた。純忠も老臣らの意見を徐々に尊重するようになったらしい。

トルレスの説教により、第一回九〇人、第二回八〇人、そして第三回七〇人の受洗者が現れた（永禄十二年七月三日無名の一ポルトガル人の書簡）。

永禄十一年（一五六八）十一月十二日に大村の会堂の足場が建てられ、同月二十日には、建築後初のミサが行われた。永禄十二年に入り、トルレスは大村で一月中に六人、二月中に二〇九人、そして三月に四七人に洗礼を授けた。

復活祭の日、純忠は花の冠《かんむり》を頭につけて練り歩いた（同前）。

新たに建てられた会堂は、純忠の拠城である三城、およびその館の近くにあった。そのため純忠は、しばしば会堂に参詣した。ことに日曜日と祝日は、大きな信心をもってミサと説教に出席した。大村に滞在中のトルレスは、永禄十二年（一五六九）の年頭から九月十三日までのうちに、八〇〇余人の者に新たに洗礼を授けた。なお宣教師ガスパル＝ヴィレラは、長崎の地で、約三〇〇余人の者に洗礼を授けた（永禄十二年八月二十三日修道士ミゲル＝バス書簡）。

トルレスの死とカブラルの来朝

元亀《げんき》元年（一五七〇）豊後の大友宗麟は、その勢威大いに上がり、北九州をほとんど制圧するほどとなっていた。純忠は宗麟の攻撃を恐れ、トルレスを介して宗麟と好《よしみ》をつうじ、和平を維持しようとはかった。そしてもし必要とあれば、協力のため軍を提供することを申し出た。宗麟は純忠の申し出を受け入れた。純忠はトルレスに感謝した（元亀元年九月二十六日ルイス＝デ＝アルメイダ書簡）。両雄はここに手を結んだのである。

しかし両者の緊張はまったく解けたわけではなかった。

元亀元年（一五七〇）三月のころ、ついに大友宗麟は、佐賀の龍造寺隆信攻撃のため出陣してきた。龍造寺氏が滅ぼされれば、つぎに襲われるのは大村氏であると思われた。このため純忠は、危険を避けて長崎に移るようトルレスに勧めた。そこでトルレスは、アルメイダを代わりに大村に留め、自らは会堂一カ所と、約八〇〇人の信徒のいる長崎へ行くこととなった。

その一五日後、トルレスの命をうけたアルメイダは改めて筑後高良山《こうらさん》（福岡県久留米市）に在陣中の宗麟はじめ、その麾下《きか》の部将にたいし、大村領を攻撃するとしても、会堂だけは破壊されぬよう懇請するため出発した。当時領内に主要な会堂は四カ所あり、約六〇〇名のキリシタンがこれに属していたのである（元亀元年九月十六日ルイス＝デ＝アルメイダ書簡）。大友軍は、鍋島直茂《なべしまなおしげ》らの指揮する龍造寺軍の奇襲攻撃によって敗退し、肥前攻撃を断念した（『歴代鎮西要略』）。大村氏もまた、大友氏に攻撃される危険も解消した。

イエズス会のインド管区長は、日本布教長トルレスが七〇を超えた高齢で、しかも病に陥り、後任の布教長《ふきようちよう》と宣教師の増派をしきりに望んでいることを知り、三名の司祭を日本に渡航させることとした。こうして新布教長としてフランシスコ＝カブラルと、ニエッキ＝ソルディ＝オルガンティーノが天草《あまくさ》の志岐《しき》に、そしてバルタザール＝ロペスが福田浦に、それぞれ到着した。

トルレスの喜びは大きかった。カブラルは、遠く都にあったルイス＝フロイスを除く、他のすべてのイエズス会士を志岐に召集し、布教会議を開いた。今後の布教活動の方針について検討したものと思われる。元亀元年（一五七〇）六月ごろのこととみられる。

しかしこの間にもトルレスの病状は悪化の一途をたどり、ヴィレラの総告白を行い、教会に赴いて聖体《せいたい》を拝領した。そしてやがて昇天した。元亀元年（一五七〇）九月三日のことである。純忠は夫人とともに志岐《しき》に赴き、葬儀に列席した（元亀二年九月二十八日メルショール＝デ＝フィゲイレト書簡）。

こうして以後、新布教長カブラルの下で、キリスト教は新たな発展をすることになるのである。

夫人の好意

純忠の夫人がおえんといわれる人で、諫早の領主西郷純堯《すみたか》の妹であることは前に述べた。兄純堯が熱心な仏教徒であったせいか、彼女は、最初キリスト教に好意を持つことができなかったようである。そして純忠が洗礼を受けようとしたとき、これを阻止しようとさえした。しかし純忠はこれをまったく無視して受洗した。この後彼女は態度を改め、同家に仕えるすべての婦人や下女とともに、夫《おっと》のしたと同様受洗する決意を固めた（永禄六年十月二十九日ルイス＝フロイス書簡）。この点豊後の大友宗麟の場合、夫人が最後まで受洗をこばみ、夫と対立して離婚にまで発展したのとは大きな相違であり、純忠は幸福であったということができる。

純忠はその後、夫人および子女にたいして、洗礼を授けられるよう、宣教師に何度か願い出ようとしたこともあった。しかしそのたびごとに、家臣の動揺を考慮し、あるいは領国内外の戦乱に阻止されて果たされなかった。

永禄十一年（一五六八）のサント＝アンドレーの祝日に、大村で会堂の建設のため、足場が造られた。会堂は予定どおり落成し、聖母受胎の日に会堂で第一回のミサが行われた。

純忠はキリストの降誕を祝福するため、ジョセフの一生その他のことを、ヨーロッパ風に実演して公衆に示すことにした。降誕祭《こうたんさい》の夜、牧羊者《ぼくようしゃ》が厩《うまや》に来たこと、その他の劇を演じ、夜半におよんだ。会堂には純忠はもちろん、夫人および他の婦人らも列席した。

その後、さらに純忠は演劇をしようとした。このため会堂に接した地所に大きな舞台を造り、その周囲には多くの桟敷《さじき》を設け、これを見物させることとした。見物人の中には、純忠の夫人およびその子女、随行の婦人たちの姿もみられ、他の桟敷には当時まだ生存中のトルレス、および日本人修道士二人がいた。このほか二〇〇〇余人の者が見物に集まった。

夫人・喜前らの受洗

元亀元年（一五七〇）になって、純忠は重立った家臣を集め、隣国の領主（主として夫人の兄西郷純堯のことと思われる）や汝らのことを考慮して、家族の受洗を今日まで延期してきた。しかしもはや入信の機が熟したと思われるので、それを果たさせたい。汝らのうち、もしこれに反対の者がいるならば、予の下を立ち去って他の主君に仕えるのもよかろう、と述べた。

これにたいし重立った家臣たちは、純忠の意に賛同した。よって純忠は、大村を訪問中の新日本布教長フランシスコ＝カブラルの手によって、夫人、嗣子喜前、二人の娘に洗礼を受けさせることとした。こうして純忠の家族はキリシタンとなった。夫人の教名はドンナ＝マリア、嗣子喜前のそれはドン＝サンチョ、しかし二人の娘についてはよくわからない。

なおこの時、百余名の家臣も同じくこれに従って受洗した。洗礼の後、純忠は結婚の秘蹟《ひせき》を行われるよう願った。よって宣教師バルタザール＝ダ＝コスタがこれを行った。居合わせたキリシタンの家臣らは大いに悦び、純忠や、その他洗礼を受けた人たちに祝辞を述べた。そして饗宴《きようえん》、舞踏《ぶとう》、歌唱《かしよう》を行って、悦びと満足の意を表した。

いっぽう、この時来航していたポルトガル船の船長や、福田浦のキリシタンらは、純忠の家族の受洗の知らせを聞いて大いに喜び、ただちに祝砲を放った。そして居合わせたポルトガル人を糾合して立派な贈物を整え、二名の者を代表に選び、純忠および喜前、その他洗礼を受けた者を訪問して悦びの挨拶を述べさせた。

純忠の家族の受洗に、領内鈴田《すずた》の町の家臣たちは大きな感動をうけた。これに影響されて約二七〇人の者が受洗の準備をした。純忠はメルショール＝デ＝フィゲイレトにたいし、同地に赴き洗礼を授けるよう求めてきた。フィゲイレトが現地に赴こうとしたところ、純忠は途中の街道まで出迎えた。そして翌日鈴田に到着し、これに洗礼を授けた。純忠は、人々に教訓を与え、励ました。

その後フィゲイレトは、ある有力な領主と婚約中であったため洗礼を差しひかえていた純忠の長女、および純忠の老母の二人にも洗礼を授けた。純忠は大いに喜んだ（元亀元年九月二十二日メルショール

＝デ＝フィゲイレト書簡）。

Ⅴ　長崎開港と内憂外患

港町長崎の誕生

長崎の開港

元亀元年（一五七〇）、当時の日本布教長コスモ＝デ＝トルレスから福田浦に定住を命ぜられていたメルショール＝デ＝フィゲイレトは、福田浦に代わるより安全な港をさがした。彼は数人の同行者と一人の水先案内をつれ、近隣の海岸をいたるところ廻り、港口の水深を測量し、もっともよい場所を見出そうと努めた。そして、長崎の港がもっとも適していることを発見した。そこで彼らは、その領主である純忠と必要な協定を行ったのち、同港を新たな貿易港とすることとした。

フロイスは、長崎が新たに貿易港となるについて、フィゲイレトと純忠がただちに協定を結んだとして、ことがきわめて円滑に運ばれたかのように記しているが、はたしてそうであろうか。この点について、『大村家覚書』『大村家秘録』はともにこれを否定する記事を残している。『大村家秘録』は、元亀元年庚午《こうご》春、南蛮人小船を領内長崎浦に遣し、海底地理を考、能地《よきち》なりとして、以後此所に入津《にゅうし》せん事を請ふ、然《しか》れ共《ども》純忠深慮有て許容せす、依之《これにより》南蛮人共有馬修理大夫《ありましゅりだゆう》義貞《よしさだ》純忠之実兄也を頼む、義貞使札を以純忠に請ふ、純忠止事《やむごと》を得すして応諾し（下略）

としている。

要するに最初純忠は、宣教師らの開港要求にたいして拒絶する態度を示したとしている。その理由について、後者はたんに「深慮有て」として具体的には記していない。しかし前者は、従来開港した横瀬・福田の両港が、「終遂《おわりとげ》さりし事を思」ったことによるとしている。つまり両港が、ともにそれぞれ後藤貴明《たかあきら》・豊後の商人・松浦隆信らの攻撃と破壊にさらされる結果となったことを考え、その反復を恐れて開港を許さなかったとしている。

領内にポルトガル船を導入し、これとの貿易によって軍事的・経済的利益を得たいとする意図のある反面、横瀬・福田両浦における襲撃事件を想起するにつけ、長崎浦にたいする深堀氏の野心などを考慮した純忠は、そのジレンマに悩み、最初彼らの開港要請を率直に受け入れる気になれなかったものではあるまいか。

しかし彼らもさるもので、兄有馬義貞《ありまよしさだ》が純忠にたいして強い影響力をもっていることを知り、義貞から純忠に開港に応ずるよう説得してもらった。そこで純忠もやむなく開港に応じたと、さきの両書は記している。こうして長崎は、元亀元年（一五七〇）福田浦に代わる新たなポルトガル貿易港として、急速に脚光を浴びてくることになった。

長崎の発展

翌元亀二年（一五七一）、純忠は長崎純景《ながさきすみかげ》の城下町から少し離れた岬の一角に、新たな都市建設を開始した。『耶蘇会史《やそかいし》』は、この場所について、

> 当時少しも開拓されずして森林に覆《おお》はれたる地あり。海中に突出して、小湾を抱き、最も良好ともいふべき甚だ便利なる港を形成せり。
>
> この地は大村の領主にとりては何等益するところなかりしが（下略）

としている。著しく都市化が進み、ビルが林立する今日の状況からは、ちょっと想像できかねるような有様であったらしい。

こうして新たにポルトガル貿易港となった長崎の地には、五島・平戸・島原・志岐《しき》・博多・山口などの各地から、多くの人々が集住してきた。彼らは主としてキリシタンであった。仏教徒の領主から棄教を迫られ、それに応じないために追放され、あるいは自ら信仰を貫くために郷里を棄てて逃れて来たのであった。またある者は戦争のため郷里が破壊され、さらに敗戦によって主君を失った者もいた。彼らは森林に覆われた「荒野を開拓して家を建て」た。しかも「当時の建築は甚だ簡素」で、「住民はきわめて貧窮《ひんきゅう》」であった（『耶蘇会史《やそかいし》』）。

この都市建設にさいし、純忠は譜代《ふだい》の臣朝長対馬守《ともながつしまのかみ》という者を長崎町割奉行《まちわりぶぎょう》として、島原町・大村

町・文知《ぶんち》町・外浦《ほかうら》町・平戸町・横瀬町の六カ町を建設させた。

元亀二年（一五七一）の修道士ミゲル＝バスの書簡によると、この年長崎にたいし、多くの移住民が認められたとしている。『耶蘇会史』は、建設当時の長崎で、早くも家数が「四、五百から千に達した」としているが、これはやや誇張した数であろう。しかし年を追って増大していったことは確かである。

天正七年（一五七九）七月から、同十年正月までのおよそ二年半滞日した巡察使《じゅんさつし》アレキサンドロ＝ワリニアーノは、その著『日本要録《にほんようろく》』の中で長崎に触れて、この町が海に突き出した岬の上にあるという自然条件に恵まれていて、大変よく保護されている。しかも「陸地に続く方面は、石垣と堀とによって要塞化しており」、「他の部分から離れて」いたと述べている。

さきに横瀬浦と福田浦とが、それぞれ外敵の襲撃にさらされた経験をふまえ、この長崎の町は、海に突き出した岬の高台に営まれ、岬の基部は石垣と堀とで他と仕切るという構えをした、一種の城塞《じょうさい》都市《とし》としての性格を備えていたということができる。

桜馬場《さくらばば》城を中心とする長崎純景《ながさきすみかげ》の城下町から少し離れたところに成立した、この六カ町こそ、その後発展した長崎の町の原型をなすものであった。

なおこの間、この岬の六カ町を含む長崎の在地領主であった長崎甚左衛門純景が、岬における都市建設について、どのような役割をはたしたのか、史料的に明らかでない。さきに福田浦の開港にさいして、純忠が在地領主福田左京亮《さきょうのすけ》兼次に貿易の利を説いて開港を承諾させた事情がある。長崎開港にさいしても、おそらく福田氏にたいすると同様、本領主長崎純景を説得し、承諾させたものと思われる。

長崎への南蛮船の入港は元亀二年（一五七一）、貿易を目的としてポルトガル船が入港したのを嚆矢《こうし》とする。ついで翌元亀三年、カピタン＝モールとしてファン＝デ＝アルメイダが長崎に来港した。そして宣教師セバスチアン＝ゴンサルベス、およびガスパル＝コエリヨがその船に便乗《びんじょう》して来朝した（『日本史』）。

以後天正元年（一五七三）にガスパル＝コレヤ＝ピントが、同二年にはシマン＝デ＝メンドウサが、同三年にはワスコ＝ペレイラ、そして同四年にはドミンゴス＝モンテイロが、それぞれ長崎へ来航し、宣教師を送り込み、貿易に従事した（岡本良知氏『十六世紀日欧交通史の研究』）。

こうしてキリシタンの町長崎は、新たなポルトガル貿易港として、順調な発展を進めていったのである。

長崎浦と長崎純景

永埼浦と永埼氏

ここで、新たにポルトガル貿易港となった長崎浦についてみてみよう。

長崎浦の地は大村と同様、古代の彼杵《そのぎ》郡、そしてやがて成立した彼杵荘の一角にあたっている。「深堀文書」正嘉《しょうか》二年（一二五八）十二月二十六日付彼杵荘惣地頭代後家尼某請文《うけぶみ》によると、彼杵荘戸町浦《とまちがうら》の近くに永埼浦《ながさきがうら》というところがあり、この両浦の間に椙浦《すぎのうら》（杉浦）という地域があった。

この椙浦の領有をめぐって、「戸町本主丹藤《たんとう》次《じ》俊長《としなが》」という者と、「永埼本主四郎俊信《としのぶ》」とが争論し、決着がつかなかったため、この浦を惣地頭某に避け渡し、以来文書の記された正嘉二年まで四〇余年経過したとしている。これからすれば、右の正嘉二年から少なくとも四〇数年前の鎌倉初期、つまり一三世紀初頭には永埼《ながさき》、または永埼浦《ながさきがうら》といわれる地があり、しかもそこに本拠を置く永埼氏という者がいたことが明らかである。

ところで、右にみた戸町浦は戸八浦とも書くもので、これは「深堀文書」によると、貝木《かいぎ》（蚊焼）・影呂宇《かげろう》（影ノ尾）島・切杭《きりくい》（毛井首《けいのくび》）・竹留《たける》（岳留）・高浜・野母《のも》などを含む、要するに野母（長崎）半島西部から長崎市の一部、および長崎港の島の一部にかかる、かなりの範囲に及ぶものであったことがわかる。また杉浦《すぎのうら》については、『大村家記』に「蓋今《けだし》戸町ト云ハ杉浦ノ事也」とある。つまり江戸時代から今日において戸町という地域は、中世では杉浦といわれるところであった。

さて古代から中世にかけて、彼杵荘のうち現長崎市・西彼杵郡方面には丹治姓《たじひ》の一族が広く繁栄していた。丹治は「タジヒ」と訓み、丹地・丹比・丹治比・多治比などの字を充てることもある。全国各地に散在した古代以来の大族であるが、このうち右の丹治姓《たしひ》一族は、名乗に俊《とし》の字を通字として用いることを慣わしとしていた。

この丹治姓に属する者として、戸町浦に戸町氏が、そして永埼浦に永埼氏がいた。このほかに、時津《ときつ》氏・大串《おおぐし》氏らも同じく丹治姓であった。さきの正嘉二年の請文《うけぶみ》は、こうした丹治姓の戸町氏と永埼氏の、いわば一族間の所領争いであった。

永埼氏は、永埼浦の開発をした丹治《たじひ》姓の一派が、開発領主《かいはつりようしゆ》としてこの地に住みつき、この地名によって永埼氏を称するにいたったものと思われる。ところで同じく「深堀文書」によると、永埼浦は、鎌倉末期の嘉暦《かりやく》三年（一三二八）当時は長崎浦の字が充てて記されており、南北朝初期の暦応《りやくおう》五年（一三四二）三月当時、長崎四郎《ながさきしろう》という者がいたことがわかる。

つまり鎌倉初期から中期頃までは永埼を、そして遅くとも鎌倉末期ごろからは同音の長崎の字を充てることが多くなり、しだいに今日の長崎の字に定着したものらしい。

戸町・永埼（長崎）両氏ともに、平安末期には平家に服従していたはずである。しかし鎌倉幕府が成立してからは、彼らはその本領を安堵《あんど》されて、地頭・御家人の道を進んだものとみられる。しかしこの両氏は、その後必ずしも十分に領主的発展を遂げることはできなかった。

一つにはその地域基盤が、元来田畠に恵まれず狭小であったこと、つぎには建長七年（一二五五）、深堀氏が戸町《とまち》浦《がうら》地頭職に補任され、やがて同地に入部《にゅうぶ》したことによって、その圧迫を受けたためである。西国御家人戸町氏は、何らかの口実の下に、その本拠の戸町浦地頭職を幕府から改易《かいえき》されたものであろう。

深堀氏は上総《かずさ》国深堀（千葉県夷隅郡大原町深堀）を本籍とする平姓三浦《みうら》氏の一族である。上総国御家人であった初代能仲《よしなか》が、先述のように戸町氏改易後の戸町浦地頭職を得、その後時光《ときみつ》の時、元寇《げんこう》のころからこの地に移住土着した。そして旧来の領主戸町氏・永埼（長崎）氏に圧迫を加え、領主制を発展させていった。

キリシタン長崎純景

降って戦国時代の長崎に、長崎氏というものがいた。このうち長崎左馬太夫《さまだゆう》純方《すみかた》の子甚左衛門《じんざえもん》純景《すみかげ》は、さきに述べたように純忠の家臣であり、さらにその女婿《じょせい》という事情にあって、もっとも著名である。この長崎氏が、右にみた鎌倉時代以来の長崎氏であるのか、あるいはこれが深堀氏の圧迫などによって滅亡した後、新たに関東からこの地に移住土着したものであるかが問題であるが、前者である可能性がつよい。

しかしともかく戦国時代の長崎氏は、桜馬場城を拠城として、その麓に館（長崎市桜馬場町の桜馬場中学校敷地）を設け、これを中心として素朴な城下町を営んでいた。この地は長崎のうち、さきに述べた都市建設が行われたところとはやや隔たった位置にあった。

この地には、元亀《げんき》元年（一五七〇）の開港以前、すでにイエズス会の宣教師が訪れ、長崎純景とも交わっていた。おそらくは純景が受洗（教名ベルナルド）していた事情によるものであろう。彼の受洗がいつのことであったかは明らかではない。しかしほぼ永禄六年（一五六三）、純忠が受洗したのに伴って、同時に入信したものではあるまいか。永禄十一年（一五六八）九月三十日付修道士ルイス＝デ＝アルメイダの司教ドン＝メルショール＝カルネイロ宛書簡に、長崎に数回修道士が赴き、同地の「名誉ある者一同」が、五〇〇人の民衆とともに受洗した、としている。

ついで永禄十二年当時、都《みやこ》から帰ってきた宣教師ガスパル＝ヴィレラが長崎に住んでいた。当時彼は、領主長崎純景が教会に造り替えることを目的として、すでに与えていた寺を宿所にしていた。しかしその頃ここには未だ一人のキリシタンもおらず、寺を教会に造り替えてもどうしようもなかった。そこで教会の建設を延ばしていた。そのうち彼は現地の仏教徒を皆集めて、説教を始めた。彼らは興味をもって聴いた。そこでヴィレラは、彼らが教義を理解できたと思われてから、約四〇〇人程度の者に洗礼を授けた。その後約一年後には、一五〇〇人近くの者が洗礼を受けた。

この後ヴィレラはさきの寺を毀《こわ》し、そこに「諸聖人《しょせいじん》の教会」を建てたが、これはキリシタンの信心をいっそう強くかきたてた（『日本史』）。

この永禄十二年（一五六九）に建てられた「諸聖人の教会」（トードス＝オス＝サントス）こそ、長崎における最初の教会であった。

こうして長崎純景の城下町は、キリシタンの町としての性格を強めていったが、やがて、さきに記したこれより少し離れたところに建設された岬の六カ町に発展を奪われるのである。

領国内外よりの圧迫

三城七騎籠

純忠が宣教師らとの交わりを深め、領内キリシタンも次第に増大の傾向を示しつつあったそのころ、後藤貴明《ごとうたかあきら》はなおも純忠排撃の執念《しゅうねん》を燃やしつづけていた。彼は元亀三年（一五七二）七月晦日《みそか》、平戸の松浦隆信《まつうらたかのぶ》・鎮信《しげのぶ》父子、諫早の西郷純堯《すみたか》らと謀り、大村の三城《さんじょう》にあった純忠をとつじょ攻撃してきた。

このさいも、やはり純忠の下に貴明に内応する者があり、しめし合わせていたらしい。もっとも『日本西教史』は、この時の大村攻撃の主体は後藤貴明ではなく諫早の西郷純堯であり、その攻撃の理由は仏教徒である純堯が純忠に棄教をすすめたが、純忠がいっこうに聞き入れようとしなかったことによるとしている。

しかし、ここはやはりわが国側の史料を採るべきで、後藤貴明が主体とみるべきであろう。後藤・松浦・西郷三氏を連合させるには、西郷氏よりも後藤貴明の力によるとみるのが、もっとも適当であると思われる。

後藤貴明は手勢七〇〇余人を率い、彼杵郡俵坂《たわらざか》から、千綿《ちわた》・大野原《おおのばる》・郡《こおり》・野岳《のだけ》をへて葛城《かつらぎ》に出、内応の者の案内を得て、大村の三城の北、室田《むろた》に陣を構えた。

いっぽう松浦氏側からは、志佐源七郎純元を大将として、五〇〇余人の兵が海路大村に来り、三城の麓の田中屋敷に陣を構えた。そして諫早氏の側からは、尾和谷《おわだに》（大渡野《おわだの》）軍兵衛《ぐんべえ》が三〇〇余人を率いて来攻し、経《きょう》ノ塚《つか》辺に陣を取った。

いっぽう三城では、とつぜんのこととて馳参する者もなかった。やむなく純忠は、主だった七名の家臣を主力として籠城するより他はなかった。その七名とは大村山城守純辰《すみたつ》・朝長大学純盛《すみもり》・同安芸守経基《つねもと》・今道遠江守純近《すみちか》・宮原常陸介純房《すみふさ》・藤崎出雲守純久《すみひさ》・渡辺伝弥九純綱《すみつな》の面々であった。「三《さん》城七騎籠《じょうひちきごもり》」とは、この七名を指すのである。

じっさいはこの他、郡村極楽寺住持宝円坊阿金法印《あごんほういん》・山口の浪人吉川近江入道素庵《そあん》・聖宝寺の弟子で還俗した小佐々兵部、わずか五歳で後年大村彦右衛門純勝《すみかつ》と名乗り家老となった大村彦次郎、純忠の昵近《じっこん》の者である富永四郎左衛門・今里彦右衛門・中間頭《ちゅうげんがしら》原口彦次・中間・馬取《うまとり》・又者《またのもの》にいたるまで四五人、さらに純忠夫人・召使の上﨟《じょうろう》・下女、その他諸士の妻子人質など二七人がいた。

純忠は、このわずかな人数をもって、急きょ防衛に当たるよう手分けした。まず大手門を朝長大学・同安芸守を頭に一五人で堅め、搦手《からめて》の門を今道遠江守・同越後守をはじめ、一七人で守り、純忠の側は、大村山城守・宮原常陸介・藤崎出雲守・渡辺伝弥九・大村若狭守・宮原源右衛門・同市兵衛らをはじめ一三人で堅めた。そのうえ、城内の各持ち場で高声を出し、旗を立て、さらに女たちに鑓《やり》・長刀《なぎなた》・旗などを持たせて城中を往来させ、多くの軍勢を城中に居るように見せかけた。

この間純忠は、敵に内応した大村左衛門太夫・朝長右衛門太夫・同新左衛門尉に使いを遣わし、翻心して早く味方に帰服するよう、再三にわたって勧めた。彼ら三人は純忠の意を諒承し、その意志を純忠に返事するとともに、親類その他にも純忠への帰順を呼びかけた。そのためこの勧告を受けた者はすべて逆心を翻し、各々の屋敷に引き籠り、貴明《たかあきら》と手切れした。

そのうち松浦軍は三城の南千綿隍《ちわたこう》のきわまで押し寄せ、鯨波《とき》をあげ、切岸《きりきし》を攻め登ろうとした。純忠は士卒を下知して木石を投げかけ、女どもを土手に上げ、箕《み》に灰糠砂《はいぬかすな》などを入れてこれを振りかけさせたところ、敵はこれに耐えかね、少しひるんだ。そこを弓鉄砲をもって敵に射かけさせたところ、松浦勢も若干討たれていよいよ耐えかね、田中屋敷に引退いた。

また後藤貴明は三城の山手に陣し、一番に城を攻め落とそうとしていたが、内応の者たちが約束を違えたため城を攻撃することができなくなった。そのうち、かつて永禄年間、大村方の者に謀られて敗北を喫して懲りた経験から、大村方が逆に押し寄せはせぬかと気懸りになり、陣取りに懸命となり、そこに釘付けとなった。

さらに西郷勢は、内応の者と一体となって大手門から攻め入ろうとし、大村川（本堂川）の橋詰まで押し寄せた。大将尾和谷《おわだに》軍兵衛は、乾馬場辻《いぬいのばばつじ》の川崎屋敷にいて、内応の者がいっこうに来ぬため怒り、彼らの屋敷に催促の使いを出した。

いっぽう城中の純忠は、三方を敵に包囲され、そのうえ親類・譜代の者も帰服する由請け合ったとはいえ、いまだ一人も城中に馳参する者もなく、いよいよ窮地に陥った。純忠は遂に死の覚悟を固め、最後の酒宴を開き、自ら「二人静《ふたりしずか》」を謡《うた》い、宮原常陸介が立ち上がり仕舞を舞った。

ときに大村氏の家臣に富永又助という者がいた。彼は三城に馳参しようとしたが、小人数では籠城してもいたしかたなしと思い、奇計をもって敵の大将を討ち取ろうとした。彼は諫早勢の陣所に赴き、自分は讒者《ざんしゃ》のために浪々の身となった者で、大村家には恨みがある。いまもし先手《せんて》に加えられたならば、一番に三城に乗り込み、恨みを晴らしたいなどと言葉巧みに述べ、大将尾和谷軍兵衛に近づき、とつじょその高股《たかまた》に斬り付けて深手を負わせた。このため諫早勢はたちまち大混乱に陥った。

その間に又助はそこを脱し、ただちに三城に馳せ参じ、ことの次第を報じた。

純忠の喜びは大へんなもので、その忠謀勇戦を激賞して偏諱《へんき》を与え、忠重《ただしげ》と名乗らせた。そのうち長岡左近・朝長壱岐をはじめ、家臣が続々と馳参登城し出した。これを見て松浦勢も退散し出した。貴明は諫早勢が大混乱に陥り、平戸勢も撤退し、内応の者も皆帰服したことを知り、自分もまた撤退せざるを得なかった。重傷の尾和谷軍兵衛は、大村方の者に討ち取られた。

この戦いを、のち大村家では「三城七騎籠《さんじょうひちきごもり》」と呼ぶようになった。この合戦で三城にあって、純忠のため活躍した大村山城守純辰《すみたつ》以下七名の者は、向背定まらなかった多くの家臣の中にあって、格別の軍功の者として、以後、彼ら自身はもちろん、その子孫も永らく大村家で優遇された（『大村家覚書』『郷村記』）。

針尾氏の向背

純忠は元亀三年（一五七二）当時、針尾《はりお》城主でさきに二度にわたって叛いた針尾伊賀守の長子針尾三郎左衛門をなお佐志方《さしかた》城（佐世保市指方町）城代《じょうだい》に据えつづけていた。

佐志方城のある針尾島は大村領の北端にあり、平戸松浦氏の領国と境を接していた。そのため三郎左衛門のところに、松浦氏から種々働きかけがあった。このため彼はついに断りきれず、純忠に叛いて松浦氏に属することになった。

これを知った純忠は、ひそかに彼の下に使いを遣わし、もし当家に帰服したならば、褒美として日宇村を与えようと伝えさせた。三郎左衛門はこれを聞き、父伊賀守や、重臣らと協議した結果、純忠に服することに決した。そして松浦家から遣わされていた番手の中倉甲右衛門・悪多左市らの者を追放してしまった。

そこで平戸の松浦隆信は、嫡子鎮信、および三男親《ちかし》を両大将として、急きょ佐志方城の攻撃に向かわせた。三郎左衛門はかねて予期していたため、城を固く守り、かえって松浦軍に不意打ちをかけてこれを敗走させた。

ところが彼はこれを深追いしたため、敵に謀られ、ついに討死してしまった。その後、父伊賀守が城を敵の手から守り抜いた（『大村家覚書』）。針尾氏は大村領の北端に本拠があったため、周辺領主からの誘惑が多かったのである。これにたいして純忠は、針尾氏を他に移封する等の手を打つことも、謀叛を罰することもできぬ有様であった。

西郷純堯の謀略

この後、西郷純堯《すみたか》もまた純忠の謀殺をはかった。西郷氏の出自はあまり明らかではない。しかし肥後の菊池《きくち》氏の一族とみるのがほぼ当たっている。肥前国高来郡西郷《たかきぐんさいごう》（長崎県南高来郡瑞穂町西郷）に鎌倉時代本拠を置いたところから、西郷氏を称したものである。

同氏は、南北朝期には西郷内杉峯名《すぎみねみよう》の地に杉峯城を築き、これに拠って南朝方として活躍した（『北肥戦誌』）。そのころ伊佐早荘（諫早市）には在地領主伊佐早《いさはや》氏がいたが、おそらく西郷氏によって滅亡させられたものとみられる。こうして西郷氏はしだいに勢力を伊佐早の地にも拡充し、戦国初期の文明年間（一四六九―一四八七）、西郷尚善《さいごうひさよし》は宇木《うき》城（諫早市有喜町）および船越《ふなごし》城（同船越町）をへて高城《たかしろ》（同高城町）を構築し、これに移ったという。

本明川を天然の堀とし、広大な諫早平野を展望することのできる高城《たかしろ》は、杉峯《すぎみね》城よりはるかに重要な東西南北の交通の要衝に位置しており、同氏が本拠としたのも十分に首肯することができる。同氏は高城を本拠として以後、純久・純堯《すみたか》・信尚《のぶひさ》におよぶのである。右の純久は有馬晴純《はるずみ》の弟で養嗣子となった人物である。その子純堯の弟が深堀氏の養嗣子となり、深堀純賢《すみまさ》と称した。そしてさらにその妹が、ほかならぬ大村純忠の正室となっていたのである。

純堯は熱心な仏教徒であった。そのためルイス゠フロイスは、彼について「詭計《きけい》、策略、欺瞞の点では、彼は下《しも》の殿《との》たちの中の第一人者であった」として、きわめて手厳しい評価をしている。

彼は武力によらず、計略をもちいて純忠を殺害し、大村領を併呑《へいどん》しようとした。天正元年（一五七三）のことである。彼は当時、純忠の実兄にあたる有馬義貞を自分の手中に抑えていたが、まず義貞に命じ、重要事項について純忠に相談したい旨を伝えさせ、たまたま義貞自身が気分が優れないので小浜《おばま》の温泉へ行こうと思っているから、そこで会いたいとして、純忠を同地へ招き寄せる。そして純忠が帰途につく時は、ぜひ諫早の純堯の拠城である高城の近くを通って帰るよう純忠に勧める。そこで純堯が秘策を用いて純忠を城へ招じ入れ、そこで純忠を殺害し、たちまち大村領を奪おうというものであった。

当時純忠と純堯は、表面上はともかく友好関係を保っており、純忠はそうした謀略があるとはまったく予想していなかった。そのため彼は兄義貞の招きに応じ、気軽に小浜《おばま》に赴いた。

ところが義貞は純忠を不愍《ふびん》に思って急に変心し、純堯の謀略を打ち明けた。そして純堯の純忠にたいする憎悪の主な理由が、純忠のキリスト教に入信した点にあることを伝え、キリシタンたることは何の益もないゆえ棄教せよ、さすれば純堯のごとき大敵にたいする苦労も止むであろうと忠告した。

これにたいして純忠は、自分がキリシタンであることに関しては異議を唱えないでいただきたい。自分は領国・収入・家・家臣、および生命をさえ失うようなことがあったとしても棄教はしない、と断乎たる態度をもって答えた。

義貞の心痛のうちに純忠は大村への帰途についた。純堯は、純忠が城下を通るさい、必ずや儀礼的訪問を行うものと確信していた。

いっぽう純忠の家臣も、純忠が純堯の城の側に来た時、馬の首をその方へ向けるものと思って城を眺めた。その瞬間純忠は家臣に向かい、自分は今度の旅の道中、さきほどから疼痛《とうつう》に苦しんでいる、したがって今回は訪問できないと述べ、その口上を持たせて家臣を城中へ遣わした。そして彼は馬の脇腹《わきばら》を蹴《け》ると、一路大村への道を疾走《しっそう》した。そして純堯の返事と同時に、彼を引き止めるため大勢の部下が城から出て来た時、彼はすでに大村領の近くに入っていた。こうして純忠は、危うく純堯の虎《こ》口《こう》から脱したのであった（『日本史』）。

一瀬内蔵助の謀叛

大村氏譜代の家臣で、大村萱瀬《かやぜ》村の給人一瀬《いちのせ》内蔵助《くらのすけ》が謀叛している。その年代について『大村家覚書』は天正二年（一五七四）としているのにたいし、『新撰士系録』は元亀二年（一五七一）として相違する。いずれとも断定しかねるが、内容記述においてより詳細な『大村家覚書』にひとまず従っておこう。

彼はその妹が純忠の妾となって、純忠との間に数子をもうけるなどのことがあり、いつしか驕慢《きょうまん》の態度が出てきていた。彼は妹と純忠との縁を根拠に、一族衆に列座させてほしい旨を願い出たが、許されなかった。このため、かねてより不満を抱いていた。

天正二年（一五七四）正月元日、年頭の慶賀のため、家中の面々が続々と純忠の拠城である三城に登城してきた。朝のあいだは純忠は恒例《こうれい》どおり一族衆、その他登城の者に対面していたが、とつじょ持病が起き、家臣に対面することができなくなった。彼はやむなく奥に引き取り、後は嫡子新八郎（後の喜前）を名代《みょうだい》として据え、登城した者の年始の礼を受けさせた。

内蔵助《くらのすけ》は登城するのが遅かったため、純忠に拝謁することができなかった。彼は純忠が、一族衆には対面あるにかかわらず、自分には名代を差し出されたことは無念の至りである。このうえは後藤貴明《ごとうたかあきら》か西郷純堯《さいごうすみたか》を引き入れ、この鬱憤《うっぷん》を晴らそうと心に決め、三城を出る時、この城に登城するのもこれまでなりとして、門の柱を二刀斬り、ただちに萱瀬村に立ち帰った。そして近隣の給人らに、自らの内意を伝え、一味を募ろうとした。しかし容易にこれに従う者はいなかった。

ところがこのことを、彼の姉婿の一瀬道円《いちのせどうえん》が聞きつけ、放置してはおけないと、ことの次第を三城の純忠に内通した。純忠はこれを聞き、内蔵助に切腹を申し付けることに決した。しかし内蔵助の妹が、ひそかにこの由を本人に告げ知らせたため、内蔵助はさっそく萱瀬村を立ち退き、西郷氏領尾和《おわ》谷《だに》に忍び込んだ。

そのうち、内蔵助がひそかに萱瀬村に立ち帰り、道円父子を殺害しようとしてうかがっているという噂が広まった。純忠は危険を避けるため、道円父子を当分の間、郡村本倉に住まわせるいっぽう、所々の者にたいし、内蔵助を見つけしだい討ち取るよう命じた。

ある時道円は、屋敷見廻りのために三人の子を萱瀬に遣わしたが、戻りが遅いので、自らも屋敷に出向いた。その時内蔵助は、道円の屋敷の上の山に隠れていた。三人の子が見廻り、立ち去った後から道円が来たのを見て、彼は鉄砲で道円を討ち留め、ただちに尾和谷へ引き返した。

純忠はこれを聞き、討手をさしむけ、内蔵助を討ち取ることとした。その時道円の婿である今道《いまみち》遠江《とおとうみ》が御前に進みでて、内蔵助退治は余人でなく、道円の三人の子息に命ぜられ、仇討ちさせて無念の思いを晴らさせてはいかがでありましょうかと述べた。純忠はもっとものことであるとして、この三人に討手を命じた。そのうち内蔵助が萱瀬村に立ち帰ったとの情報によって、三人は現地に赴き、内蔵助を討ち留め、仇討ちをはたした。また内蔵助に一味した尾和谷村の井上六助も、峰弾正《みねだんじょう》が討ち留めた（『大村家覚書』）。

遠藤千右衛門の乱と福田丹波の謀叛

同じく天正二年の春、松浦氏領に近い早岐《はいき》（佐世保市早岐）に居を構えていた純忠の家臣遠藤千右衛門が純忠に叛き、松浦氏に従った。おそらく松浦氏からのテコ入れによるものであろう。

彼は早岐を中心に、近隣を従えていた剛強の者であった。さっそく彼は松浦氏の援兵や、地下の侍等々、つごう三〇〇余人を集め、早岐村の井手平城《いでのひら》（佐世保市新替町）に立籠った。

そこで純忠は同年四月二十四日、一族大村左衛門太夫純晴《すみはる》を大将として、井手平城を攻撃させた。さいわい大村方には、唐津の波多参河守鎮《はたみかわのかみしげし》、有田の松浦丹後守の双方から加勢があった。遠藤氏方は、城の大手に出て防戦したが、純晴は部下を指揮し、ついに遠藤千右衛門その他を討ち取った。残党は落ち失せ、城は即日陥ちてしまった（『大村家覚書』）。

この遠藤千右衛門の乱と前後して、金谷城（松山城・長崎県東彼杵郡波佐見町金屋郷）城主福田丹波守某が謀叛している。正確な年代は未詳であるが、その謀叛が、武雄の後藤貴明のテコ入れによるものであるところからすれば、おそらく天正二年（一五七四）ないし、その少し前であろう。後藤貴明は天正二年、その養子惟明《これあきら》が叛いたため（『藤龍家譜《とうりゅうかふ》』『歴代鎮西志』）、以後大村にたいする積極的攻撃をしておらず、これ以前のこととみられるのである。

彼の実名は明らかではない。『新撰士系録』によると、彼杵郡福田浦（長崎市福田本町）の福田氏とも血縁関係にあったらしい。丹波は美濃守兼貞の子で、福田浦の領主忠兼はその弟とされている。しかし同書の別の個所によると、忠兼を兼次の子とし、また忠兼の兄としていて丹波の名はみえない。

丹波は元来純忠の忠臣であって、後藤貴明の攻撃をしばしば受けたが、よくこれを防いだ。ある時彼が大村の純忠の下に赴いて留守していたさい、とつじょ貴明軍が襲来してきた。この時、丹波の妹が部下を指揮し、大活躍のうえこれを撃退した。このため周囲の者は、彼女のことをいつしか石打《いしうちの》御子《みこ》と呼ぶようになった。御子《みこ》とは、この地方で地位のある女性をさし、彼女が石をもって敵を撃退したことから、この称が生まれたものである。

しかしその後、大村領の北の境を守る福田氏の下に、貴明から繰り返し帰服を求める働きかけがあった。このため彼は、ついに純忠に叛いて貴明に属し、これに従うにいたった。そこで純忠は、丹波の弟薩摩（『新撰士系録』は弟忠兼とする）をもって、ついに丹波を波佐見《はさみ》から武雄《たけお》に逐った。彼はその後、さらに伊万里に移ったという（『郷村記』上波佐見村項）。

深堀純賢の野心

つぎに天正初期、純忠に圧力をおよぼした者に深堀純賢《ふかほりすみまさ》がある。南北朝以降の深堀氏は、俵石城《たわらいし》（深堀城・長崎市深堀町・大籠町）に拠って国人領主として、長崎半島一帯に広く勢力を伸ばしてきたのである。

こうした深堀氏の戦国期の当主純賢《すみまさ》は、先述したように諫早の西郷純堯《すみたか》の実弟で、しかも大村純忠の夫人の実兄であって、深堀氏に入嗣したものであった。フロイスはその人物について、

その容貌と体つきとが甚だ醜く滑稽であると同様に、彼の所業もまたそれ相応なものである。彼は異教徒で、デウスの教えの大敵であり、極めて貪欲で、海上で船舶を捕獲することによって、

公然たる海賊、大略奪者になった。彼は同国人の船だけでなく、商売をするためにソマ船に乗って日本に来る不愍《ふびん》なシナ人商人たちの船までも捕えた。（中略）しかしこの殿は、欺瞞《ぎまん》や貪欲《どんよく》をもって彼等を海上に待伏せ、そこで彼等を殺して、彼等から一切の物を略奪し、彼等の船を奪うのである。

としている。『歴代鎮西要略』も、「京都・堺・奈良、および博多などの商船で長崎に入港するものは、深堀城下の海上を通過する。純賢はそれから礼物を取り、来往の礼を遂げさせている。もし礼貢《れいこう》がなければ、その通過を許可しない」（取意）として、ほぼ同様のことを記している。

純賢《すみまさ》は、長崎港の出入口を抑えるところに位置して、出入りの船から関税を徴し、これに応ぜねば、その船と乗組員を襲うなどの海賊行為を働いていたものらしい。このことはたんに長崎氏のみでなく、長崎氏を家臣化して、長崎の地で対外貿易を展開しようとする大村氏にとっては重大な障害であり、両者の抗争は避け難いものとなっていたのである。

ルイス＝フロイスによると、天正元年（一五七三）純賢は、長崎から海路豊後へ向かおうとした日本布教長フランシスコ＝カブラルを殺害しようと襲いかかった。しかし十分に武装した七隻のカブラルらの船団に逆襲され、襲撃に失敗した（『日本史』）。

いっぽう西郷純堯は同じく天正元年、大村領にとつぜん侵入し、攻撃を加えてきた。純忠は危く難を逃れたが、この噂はたちまち広まり、純忠は殺害されたとさえ長崎に伝えられた。

西郷・深堀氏の長崎攻撃

当時長崎の町は力が弱く、防衛するための弾薬も装備もなかった。このため町は彼らの攻撃を受けたらほとんど壊滅するであろうとして、人々は恐怖におののいた。

肝腎の領主長崎甚左衛門純景も息子を人質に要求され、ついに西郷氏に降伏しようとした。純景の邸内には避難してきていたポルトガル人もいたが、純景は彼らにたいしてもどこかへ逃れるよう勧告した。そこへ純忠の生存が伝えられ、皆は歓喜した。しかしそれも束《つか》の間、純堯は狙いを長崎に定めて攻撃してきた。そして漁民たちの部落を焼き、さらに周辺の村を破壊した。新興の長崎の町では岬を切り開いて守りを固め、柵を立てるなどして砦とし、防備を強めた。

いっぽう深堀純賢も、兄西郷純堯の動きに呼応するかのように長崎に攻撃をかけてきた。そして長崎の住民にたいし、降伏して町を明け渡せと迫った。同時に純景の拠る桜馬場城に攻撃を加えてきた。ルイス＝フロイスは、

　彼の欲望に最後の満足を与えるために、彼等はついに夜半過ぎ、我等の砦に打寄せる満潮に乗じて、六十隻の船に乗って海路を、また多数の部下を率いて陸路を来り、長崎の殿の城下まで一切を焼払い、同時に城砦の下手の家々と我等がそこにもっていた諸聖人の教会をも焼払ったが、そこには彼等に抵抗することができる者は誰もいなかった。山々は燃える火焰で輝き、我等の城砦は火の真只中《まっただなか》の灯のように照り映えていた。（中略）我等の城砦は小高い丘の上にあったので、

周囲一帯を見渡すことができ、燃えている家々の火が数えられた（『日本史』）。としている。深堀氏はこの天正元年（一五七三）、ついに長崎純景の城下に迫って、町の家々を焼き、長崎最初の教会トードス＝オス＝サントスをも焼き払ったのである。深堀純賢は、その後天正六年、七年、八年と、しばしば長崎を襲った。『大村家覚書』によると、天正八年の攻撃のさい、純賢は西郷純堯としめし合わせて行っている。

この時純賢は、四〇〇余人の部下を催して桜馬場城の近くの森崎《もりさき》に陣し、純堯は一瀬口《いちのせぐち》に向かった。これにたいし長崎純景は、かねて危急のさいに大村純忠に援を求める手筈を整えていた。求援の報を得た純忠は、田中兄弟・朝長下総《しもふさ》・福田・神浦《こうのうら》・三重・宗兄弟ら、一四〇～五〇人程度の者を援兵として差し向けた。ところが諫早勢は純忠の援兵のあるのを知らず、一瀬口まで来たところを、大村軍が桜馬場城への道をさえぎり、鉄砲を撃ちかけたため、彼らは散々に逃げ去ってしまった。そこで純景は、三〇〇余人を率いて城を出、純賢軍の陣である森崎へ打って出た。いっぽう大村軍は一瀬口から南へ廻り、敵の背後に出、純景軍と前後からこれを挟撃した。このため純賢軍は不意を衝かれて敗走してしまった。以後森崎の小山を勝山《かつやま》と呼ぶようになったという。これが今日の長崎市勝山町の起源である。

Ⅵ　教勢の発展と純忠の苦悩

一時期の出家と神仏への袂別

受洗後出家した純忠

さきに述べたように純忠は、横瀬浦《よこせうら》の地で永禄《えいろく》六年（一五六三）宣教師コスモ＝デ＝トルレスの手によって洗礼を受け、ドン＝バルトロメウの教名を得た。時として彼はこれに漢音《かん》をあて、鈍波留登《どんばると》路銘《ろめう》と記した。以後彼は、きわめて熱心なキリシタンとしての道を進んだかのようにみえる。ある時純忠が、大村家の一族重臣から棄教を迫られた時、彼はこれに答えて、

お前たちは愚かであり、神の教えの中にあるものを知らない。私はパードレのためや、人間のためにキリシタンになったのではなく、霊の救いのためになったのである。私はキリシタンの信仰のほかには霊の救いのないことを知っている。（中略）たとえパードレ全員が信仰を棄てても、私は絶対に棄てない（『大村キリシタン史料――アフォンソ＝デ＝ルセナの回想録――』）

と答えたという。これなども、純忠のキリシタンとしての純粋性を示すものといえよう。

しかしそのいっぽう、『大村家記』『大村家覚書』『藤原姓大村氏世系譜』などは、ともに純忠が出家入道して法名を理専と号したという意味のことを記している。

以上の大村氏関係者の手になるもの以外にも、たとえば『歴代鎮西要略』の永禄十三年（一五七〇）三月の項に、このころ大村純忠が法躰《ほったい》して理専《りせん》と号したことを記すとともに、その時期を受洗後の永禄十三年三月ごろとして、いっそう詳しく述べている。

以上挙げた史料は、いずれも純忠没後の江戸時代の記録であって、史料価値にいくぶん問題を残している。しかし「龍造寺文書」の中に、天正四年（一五七六）六月十六日付で、「理専」の法名をもって記した純忠の龍造寺隆信《たかのぶ》・鎮賢《しげまさ》（政家）父子宛に差し出した、敵対しないことを誓った起請文《きしょうもん》が現存している。これ以外にも年代を欠くが、明らかに理専の法名を用いた純忠の自筆書状一通が「大村家文書」の中に伝来しており（巻末付録「大村純忠の発給文書」参照）、さきに掲げた出家の年代はともかく、出家入道じたいに関する記事の正しいことを裏付けている。

しかしながら一方、純忠の言動に深い注目をはらっていたイエズス会の宣教師らの諸記録には、この純忠の出家についてはまったく触れていない。また従来、この点について論及された先学の研究もなかった。

では純忠の出家は、いつ何を動機としてなされたものであろうか。この点を明らかにするには、いま少し彼のキリスト教との関りを中心に、その言動を追跡してみる必要がある。

まず出家の時期であるが、さきの「龍造寺文書」によって、少なくともその起請文の日付である天正四年（一五七六）六月十六日以前であることが明らかである。後述するように純忠は、天正二年十月以後、領内の住民すべてにキリシタンとなることを強制し、これを拒む者には領外への退居を求めた。そして僧侶を殺害し、寺社の破却を行った。したがって天正二年（一五七四）十月以後、純忠はほとんど純粋にキリスト教への帰一を自他ともに果たそうとしたのであり、この時以後、さきの天正四年六月十六日までのうちに出家入道したと考えるのは無理であろう。彼の出家は、天正二年（一五七四）十月以前に求められねばならない。

天正二年十月以前の彼の言動をみると、入信直後、先述のように摩利支天像を焼き、養父純前の像（位牌ともいう）を焼くなど、過激な行動の一面が見うけられる。しかしそのいっぽう、受洗にさいして兄義貞の意向を気にするなど、キリスト教に没入するのをいくぶん躊躇《ちゆうちよ》した態度も見うけられる。

また洗礼を受けるにさいしても、純忠はトルレスにたいし、兄義貞の手前、受洗によってただちに寺社を破却するわけにはゆかない、として諒解を求め、トルレスもまたそれに理解を示したという。さらに純忠は、自らの受洗後、多くの家臣が大挙群をなして横瀬浦《よこせうら》に赴いて洗礼を受ければ、僧侶らを刺激し、領内に騒擾《そうじよう》が起きるであろうとの判断から、家臣を数名ずつ小人数に分かち、人目につかぬようにして横瀬浦に送り、受洗させたという（『日本史』）。

このようにみてくると、純忠が受洗後にあっても、天正二年十月以前においては、なお出家する可能性のあったことを思わせる。この点に関し、『大村記』に、年欠三月二十日付大村純忠書状《しよじようりつし》写が収められている（五五ページ参照）。内容は、元亀三年（一五七二）諫早の西郷純堯軍が大村領萱瀬村に侵入したとき、皆吉《みなよし》衆・林田《はやしだ》衆らの者が活躍してこれを撃退したことを純忠が褒《ほう》し、以後においてもいっそうよろしくと伝えたものである。

この書状は、「純忠」の俗名をもって記されている。そして彼が天正二年十月以後、出家することがないとすれば、右の書状は天正二年三月二十日付のものということになる。とすれば、純忠の出家は、右の天正二年三月二十日から、同年十月以前の間に行われたものであったということになる。

出家の動機

では彼は何を動機として出家したものであろうか。おそらく領内家臣の謀叛によって、多良岳《たらだけ》に逃れたさい、そこの宝円寺住持法印《ほういん》阿春《あしゆん》、ないし金泉寺住持法印阿金《あごん》らから出家を強く求められ、これに応じて、この両人のうちのいずれかを導師《どうし》として出家入道したものではあるまいか。

永禄六年に受洗した彼が、その直後老臣らのクーデターにあい、横瀬浦を焼打ちされたのに続いて、大村館で叛徒の急襲を受けたさい、ここを脱して逃れたのはやはり多良岳《たらだけ》の住持法印の下であった。受洗後にあっても、当時純忠はなお彼との信頼関係を保っていたのである。

もし右の推定に誤りがないとすれば、純忠は真言密教に帰依したということになる。多良岳は古代以来信仰の対象とされ、多良山大権現が祀られ、宝円寺・金泉寺などの神宮寺《じんぐうじ》が建立された。そして大村氏が本拠とした郡村《こおり》地方は、「郡七山十坊」と称される真言宗の多くの寺院の建立がみられるなど、真言宗の教勢がじつに強かったのである。

千日観音・伊勢宮も崇敬

このほかにも純忠は、受洗の翌永禄七年（一五六四）三城《さんじょう》という拠城を完成させてこれに移ったが、この城内の一角に千日観音を祀っている。元亀三年（一五七二）七月、純忠はとつじょ後藤貴明《たかあきら》らの急襲を受けたが、その時純忠は、この観音に祈願して開運をはかったという（『郷村記』）。

さらにこのほか、純忠は受洗後も神祇《じんぎ》崇拝を行っている。具体的には伊勢信仰を行っていることが明らかである。大村氏の伊勢崇敬に関し『大村家覚書』等は、文明六年（一四七四）の中岳原《なかだけはら》合戦に敗れて加々島《かかしま》に潜伏中の純伊《すみこれ》が、大村奪回の祈願のため伊勢参宮に赴き、その感応があって渋江《しぶえ》氏の助力の約束を取りつけ、奪回に成功したとする。

これについては虚構の部分が少なくない。しかし大村氏の伊勢信仰の歴史が古いことは確かなようである。これは当然純忠に継承された。『郷村記』は純忠もまた伊勢参宮をしたとし、しかもそのさい、領内嘉喜浦《かきのうら》村（長崎県西彼杵郡大瀬戸町蠣浦）から「家船公役《えぶねくやく》」をつとめたとしている。

さらに最近「宮後《みやじり》三頭太夫文書」を検討された久田松和則氏によると、伊勢神宮の祈禱師である御《お》師《し》の一人宮後三頭太夫という者が、永禄年間（一五五八―一五七〇）肥前の高来・藤津・彼杵三郡に下向してその神徳を説くと同時に、祓《はら》い大麻《たいま》、すなわち御札を頒布しているが、これを受けた者の中に大村純忠、およびその一族重臣が相当数含まれている。しかも純忠は受洗後の永禄十年（一五六七）、同十一年にも受けており、当時にあっても、依然伊勢信仰を続けているという、まことに興味ある事実を指摘された。

以上のように、純忠は受洗後なお少なくとも天正二年（一五七四）十月までの間、一方において神仏への崇敬を行い続けていたことが明らかとなった。

受洗の動機

純忠の信仰の実態が右のようなものであったとすれば、逆に純忠の受洗は何を契機としたものであったのかが問題となるであろう。はたして純粋な信仰に基づくものであったのか、あるいは巷間《こうかん》いわれるように、軍事的・経済的利益を得るための手段としてなされたものであったのであろうか。

しかしこの問題は、およそ一個の人格のいわば最も深層心理に関わることであって、当人の告白でもない限り、容易に明らかにすることはできないであろう。

すでにこれまでにも早く江戸時代、純忠の受洗の動機の不純性を指摘したものがあった。たとえば『大村家秘録』は、『勇猛智謀《ゆうもうちぼう》の純忠』も、外敵のほか親族まで別心したため困惑し、外敵防戦のため石火矢《いしびや》・鉄砲・玉薬・金銀・米銭を得るため、やむを得ずいったん宣教師らの希望を入れてこれに従ったものである。純忠はこれによって銀一〇〇貫目を彼らから借用することができた。そしてこれを、長崎村・山里《やまざと》村・浦上村・淵《ふち》村などの年貢をもって年々返済したのだとして、かなり穿《うが》ったことを記している。

いっぽうまた『郷村記』は、純忠およびその家臣が、「南蛮之妖教《ようきょう》に陥溺《かんでき》」し、「神社仏閣を焼亡し、且《か》つ僧徒を殺害」したのは、やはり周囲の強敵に対処するため、「多く兵粮軍器を貯えて、禦敵《ぎょてき》の謀計とせんと」したものであったのだ、としている。これもその不純性を指摘したものである。この両者は、ともに江戸時代禁教体制下にあって、藩主の祖先の行動を記したものであるだけに、純忠にたいする弁護の論調が濃厚である。

他の個所で述べたように、受洗当時はもちろん、その前後において純忠の地位がきわめて不安定であったことは確かである。その苦衷《くちゅう》に満ちた局面を打開するため、ポルトガル貿易と不可分に結びついたキリスト教を彼が受容したことは十分あり得ることである。

たとえば永禄八年（一五六五）、横瀬浦に代わって福田浦を新たな貿易港としようとした純忠が、在地領主福田左京亮兼次《さきょうのすけかねつぐ》を説得して賛成させようとした時、純忠は「彼黒船ハ鉄砲、西洋砲ナドモ積乗セ来レバコレヲ他所ニヤルベカラズ」（『長崎港草』）として、その貿易の利を挙げたという。純忠がポルトガル人のもたらす鉄砲を重視し、これを利用したことは、さきに述べた深堀・西郷氏の侵攻にたいして、鉄砲をもってこれを撃退したことをみても明らかである。

また経済的側面についても、純忠がポルトガル貿易で大きな利益を収めたことは先述したとおりである。

純忠はポルトガル貿易によって得た品々を伊勢神宮に献じている。しかしこれは、つめていえば、キリスト教にたいする背信行為である。純忠はあえてこの行為を行っている。純忠のみでなく、家臣らも輸入品を伊勢神宮に献じている事実からして、彼らはおそらくその数倍もの多くの品を得ていたものと思われる。純忠は輸入品を家臣に賜与することによって、これを統轄する一手段としていたのではあるまいか。

以上のことを考えれば、純忠の受洗について、その動機の不純性を指摘する先述の江戸時代の両書の記述も、たんなる純忠の弁護論とみるよりは、かなり信頼性があるものとみるべきであろう。要するに純忠の受洗は、一面で、軍事的・経済的利益を得る手段として行われたものであったと考えられる。

転機となったコエリヨとの会談

すでに述べたように、純忠は永禄六年（一五六三）の受洗にさいし、兄有馬義貞《ありまよしさだ》への配慮を理由として日本布教長《ふきようちよう》コスモ＝デ＝トルレスにたいし、受洗後も寺社破壊はできない旨を述べ、トルレスもまたこれを認めたうえで入信したという。しかし兄義貞にたいする配慮がまったくなかったとはいえないが、それはむしろたんなる口実であって、純忠としてはおそらくこの時、トルレスにたいし受洗後もなお従来からの神仏崇拝を認めるよう求めたものと思う。

トルレスにしてみれば、それはキリスト教の教義に照らして本来認められるものではなかった。しかしわが国における初期の布教状況下で、戦国大名の受洗はかつてなかったことであるだけに、純忠の受洗は、それがいかなる内容のものであるにせよ、歓迎せざるを得なかったものであろう。

純忠の受洗は、そうしたトルレスの妥協の下になされたものであろう。これは純忠の受洗後の蓄妾にも示されている。とすれば、受洗直後の純忠が摩利支天《まりしてん》像や、養父の像（あるいは位牌）を焼却したのは、トルレスら宣教師を意識したスタンドプレーにすぎなかったということになる。

しかしこうした状況が一変し、天正二年十月から純忠が神仏に袂別してキリスト教に帰一し、これに伴い領民に改宗を強制し、寺社を焼打ちし、僧侶らを殺害するにいたるのは、その直前における純忠の出家入道に対する反動として、直接的には宣教師ガスパル＝コエリヨの純忠にたいする強硬な申し入れによって開始されたものであろう。

ルイス＝フロイスによると、コエリヨは純忠にたいし、

殿《(純忠)》がデウスに感謝の奉仕を示し得るには、殿の諸領から、あらゆる偶像礼拝とか崇拝を根絶するに優るものはない。それゆえ殿はそのように努め、領内にはもはや一人の異教徒もいなくなるように全力を傾けるべきである。そして家臣が改宗することによって明らかな利益が生じることであるから、殿はさっそく家臣団挙げての改宗運動を開始すべきである。（中略）ドン＝バルトロメウはすべてにおいて司祭《(コエリヨ)》の意見に賛成し、ただちにその決定を実施することを望んだ（『日

本史』)。

とある。しかもその両者の会談は、天正二年十月十七日(一五七四年十一月一日)に行われた(『大村キリシタン史料』)。

したがって純忠の出家は、おそらくそれより少し前ごろのことであったと思われる。

キリシタン大名の実態

右の時期以降の純忠は、漸次キリシタンとしての性格を深めていったが、これ以前にあっては、既存の神仏崇拝にキリスト教信仰が加えられたありかたであった。つまり二者択一的に神仏を棄てて、キリスト教に「改宗」したものではなく、たんなる「入信」というべきものであった。内外の不安にさらされ、危機意識の強かった純忠としては、こうした一種の多神教の下において、地位の安定をはかろうとしたものであろう。

ではこうしたありかたは、たんに純忠のみに認められる例外的な姿であるかといえば、そうは思われない。たとえば純忠の家臣で福田浦の在地領主福田左京亮兼次も入信してジョーチンと称しているが(永禄十一年八月十三日アレキサンドロ＝バラレッジオ書簡)、その一方において出家して宗軒《そうけん》と号している(『新撰士系録』)。

さらに豊後の大友義鎮《おおともよししげ》も天文二十年(一五五一)ザビエルに接し、二七年後の天正六年(一五七八)キリスト教に入信し、以後信徒としての性格を強めているが、これにさき立つ永禄五年(一五六二)

六月下旬ないし七月初めに出家して法名を宗麟《そうりん》と号した。その動機は、病弱な彼がこの時重病に陥り、動揺を来したことによるとみられる。彼もまた当時、キリスト教に接近しながら出家したのである（拙著『大友宗麟』）。ただ純忠は義鎮と順序を逆にし、受洗後出家している。

いずれにせよ、キリスト教信仰がたんに純忠のみでなく、戦国時代の領主の間で、一時期の間であれ、かなり広く、神仏崇拝と並行して行われていたことは確実である。

わが国ではすでに平安末、本地垂迹《ほんちすいじゃくせつ》説の下に神仏習合《しんぶつしゅうごう》が一般化して以後におよんだ。この伝統の上に、いままた戦国期、キリスト教信仰が加わった。それはまことに包容力に富んだ、きわめて特異な、そしてあまりにも日本的なキリスト教のありかたであった。

このようにみてくると、いわゆるキリシタン大名なる概念も、従来の神仏崇拝から一挙にキリスト教に「改宗」したものではなく、神仏崇拝の歴史の重みを深く背負いつつ、漸次キリシタンとしての純度を高めていったものといわねばならない。

日本化されたキリスト教

さきにみたように、永禄六年（一五六三）に純忠が受洗するさい、洗礼を授けたトルレスは、純忠が既存の神仏崇拝を以後も続けることを容認したものと考えられる。

このことは、天正二年（一五七四）十月のガスパル＝コエリヨとの会談後、純忠が神仏崇拝をやめて純粋にキリスト教に帰一したのちも、一皮めくれば、依然仏教崇拝の痕跡《こんせき》を留めていることからもうかがえる。純忠は天正二年十月以後領内の寺社を破却し、その跡に教会を建設したという。なかには従来の寺院をそのまま教会に利用した場合もあった。たとえば宝性寺《ほうしようじ》は、奈良の西大寺《さいだいじ》（真言宗）の末寺《まつじ》として、すでに永和元年（一三七五）六月二十五日当時存在していたことが「西大寺末寺帳」によってわかる。ところが天正十五年（一五八七）に病死した純忠は、この宝性寺に葬《ほうむ》られている（『大村家譜』）。

当時仏寺が存在するはずはなく、ルセナの回想録に純忠を教会に葬ったとする記事とあわせ考えると、『大村家秘録』が説明するように、この宝性寺は「耶蘇寺《やそでら》」、つまり教会そのものであったのである。

さらにルセナの回想録によると、当時仏教徒が死ぬと、その人の遺品が遺族の手によって菩提寺《ぼだいじ》に送られるという慣習があった。ところがキリシタンであった純忠が死ぬと、そのすばらしい多くの遺品が、遺族の下から教会に送られてきたという。つまりキリスト教徒になっても、依然として過去の仏教徒当時の宗教儀礼が取り入れられている。逆にいえば、キリスト教が日本の既存の宗教儀礼にマッチしつつ浸透していっているといえる。

明治以後のわが国は、宗教はもとより、すべてにわたって近代化を推進する目的のため西欧化をはかるに急であった。ところがこの時代にあって、イエズス会の宣教師という名の西欧文化の尖兵たちは、キリスト教という西欧文化をわが国に扶植するにあたって、これを日本人の好みに合うように妥協するという、日本化の努力を払いつつ推進させていったということができる。東西文化の接触において、今日とはまったく異なったありかたがみられたのであった。

キリシタン王国の建設

寺社の破却と入信の強制

新布教長カブラルが来日した翌元亀二年（一五七一）当時、首都大村では二五〇〇人のキリシタンがおり、会堂《かいどう》が三つあった。また長崎には一五〇〇人のキリシタンがおり、トードス＝オス＝サントス教会があった。外海《そとめ》地方の福田・ホマチ・手熊《てぐま》（長崎市手熊町・柿泊町）の三カ所には、計一二〇〇人のキリシタンがいた（元亀二年十月二十日ガスパル＝ヴィレラ書簡）。

なお同じ年これらの地域の様子についていえば、手熊《てぐま》では領主以下住民はすべてキリシタンであった。また樒村《しきみ》（長崎市式見町）でも領主以下住民すべてがキリシタンであったが、領主の夫人のみは仏教徒であった。三重《みえ》（長崎市三重町）では、領主はキリシタンで、夫人ものちキリシタンとなった。神浦《こうのうら》（長崎県西彼杵郡外海町神浦）では領主は異教徒であった。しかし後領主は、夫人および三人の伯父、重立った家臣らとともにキリシタンとなった（元亀二年九月二十八日メルショール＝デ＝フィゲイレト書簡）。

このように大村領内で、信徒は確実に増大していた。しかしさきに述べたように、純忠は受洗してキリスト教に帰依する一方、神仏崇拝をも行いつづけていた。そして天正二年（一五七四）三月二十日から、同年十月十七日までのうち、出家入道して理専《りせん》と号した。

これを知ったガスパル＝コエリヨは、天正二年十月十七日純忠と会談し、さきに述べたように出家入道にたいして激しく非難するとともに、以後神仏と袂別《けつべつ》して、純粋にキリスト教に帰一すること、その証《あか》しとして、領内からあらゆる偶像礼拝とか崇拝を根絶することを求め、領内には一人の異教徒もいなくなるように全力を傾けるよう強く迫った。純忠はこれに賛成し、ただちにその決定を実施することにしたのである。

こうして天正二年十月以後、領内で寺社の破却、僧侶の殺害、さらに僧侶らを含む全領民への受洗の強制が行われ、反対者にたいしては領国外へ追放するという、大きな嵐が吹き荒れ始めた。『郷村記』は、この時破却焼亡した領内の寺院を列挙している。大村の地にあって罹災《りさい》したものとしては、長久寺・観音寺・浄土寺・円長寺・東光寺・多良山《たらさん》大権現・富松大権現・昊天宮《こうてんぐう》などが指摘されている。

そのうちの一つ、三城および大村館の近くにあった長久寺は、天正二年「領内耶蘇の徒蜂起して」、「其災に罹《かかり》て焦土となる」としている。また観音寺については、これも天正二年「耶蘇の兵火に焼滅」したとしている（『郷村記』）。寺社破却は天正二年十月にとつじょ大きく行われたものであること、そしてそれは、宣教師の意に従った純忠の指図《さしず》を受けたキリシタンが、直接手を下したことによるものであったことがわかる。

いっぽう僧侶らにたいしても迫害が行われた例として、かねて純忠の側近に侍して寵《ちょう》を受けていた多良山金泉寺の住持法印阿金《あごん》にたいしても、天正二年純忠が受洗を強要し、これに応じなかった彼が、ついに領外嬉野の地に亡命したことについては、すでに述べたとおりである。宝円寺の法印阿春《あしゅん》も、同じく領外へ亡命した。

そして白水寺《はくすいじ》（大村市皆同郷）にあった純忠の養父純前《すみさき》の墓はあばかれ、その骨はたけり狂ったキリシタンたちによって郡川に投げ棄てられた（『郷村記』）。

天正三年（一五七五）のガスパル＝コエリヨの書簡によると、そのころ領内で一万八〇〇〇ないし二万の人々と、約二〇〇人の僧侶が洗礼を受け、仏像がすべて破壊されたのち、新たに教会と十字架が建てられることになった。小さな子供までも仏像を破壊し、その顔に唾《つば》を吐《は》きかけたという（天正三年八月二十九日同人書簡）。

同じく天正三年、純忠は二つの城と一三〇〇人の部下をもつ、ある有力な部将の給地を通過した時、彼に向かって、いつまで仏教徒のままでいるのかと詰問《きつもん》した。彼はこの言葉を聞くと、ただちに長崎に赴き、従えていた五、六人の者とともにカテキズモを聴いた後、洗礼を受けた（同前）。

こうして天正二年十月を境として、それ以前は「彼（純忠――筆者）が信徒になるとただちに始まった多くの迫害や戦乱の為に、幾年もの間、その領内ではきわめてわずかの改宗が行われたに過ぎなかった」のにたいし、以後では、短期間に全領民が改宗するにいたった（『日本要録』）。

いっぽう有馬領では、純忠の兄有馬義貞（義直の改名）が天正四年（一五七六）三月受洗した（教名ドン＝アンドレ）。しかし彼は同年末病死し、代わって鎮純《しげずみ》（後の晴信《はるのぶ》）が嗣立《しりつ》した。

ワリニアーノの来日

わが国における布教活動を査察《ささつ》するため、巡察使《じゅんさつし》アレキサンドロ＝ワリニアーノは、天正七年（一五七九）七月、インドから有馬晴信領肥前国高来郡口ノ津《たかきぐんくちのつ》（長崎県南高来郡口ノ津町）に上陸し、わが国への第一歩を印した。そして間もなく大村純忠に会い、また純忠の下に居たアフォンソ＝デ＝ルセナとも会った。そのとき純忠から、さきに触れた長崎の寄進の申し出を受けたものと思われる。彼は翌春これを受け入れた後、同じ天正八年（一五八〇）七月、口ノ津から大友宗麟のいる臼杵《うすき》へ旅立った。

ワリニアーノの観るところ、第三代日本布教長カブラル下の日本における布教は、決して好ましい状況になかった。もとポルトガルの名門の出身であるカブラルは、自己過信、名誉欲などが強く、自らに服従し、自分を畏敬する者には盲目的愛情を示し、反する者を嫌悪《けんお》した。しかも彼は日本人を嫌悪し、日本人ほど傲慢《ごうまん》、貪欲、不安定で偽装的な国民をみたことがないなどと述べていた。そして日本の風習を軽蔑《けいべつ》し、日本語を学ぼうとしなかった（『日本巡察記』）。

しかしいっぽう、日本人は彼らが肉食をすることに眉をひそめたりして、彼我《ひが》の関係は決して円滑ではなかった。大村純忠領では全領民がキリシタンであったとはいえ、これは純忠の強制による面が少なくなく、したがって、「ただ名ばかりのキリシタン」（『大村キリシタン史料』）が少なくなかった。

こうした状況をみたワリニアーノは、種々検討の末、日本における教化体制の大改革に乗り出した。すなわち日本布教長から、イエズス会の総長宛に毎年報告書を提出する「日本年報」の制を定めた。また日本の教区を都《みやこ》（京都から中国地方まで）・豊後《ぶんご》・下《しも》（豊後以外の九州）の三地区に区分し、これらの地区にセミナリヨ（神学校）・ノビシアド（修練院）・コレジオ（学院）の三種の教育機関を設け、西欧人には日本語を、そして日本人には外国語とキリスト教諸学を学習させ、日本人司祭を養成してキリスト教の発展をもたらそうとした。そして外国人宣教師には、日本の風俗習慣へ順応することをはからせようとした。

しかしカブラルは、これら一連の改革にたいしては甚だ不満であって、このためついに辞任し、新たにガスパル＝コエリヨが布教長に任ぜられた。

ともあれこの線に沿って、天正七年（一五七九）有馬（長崎県南高来郡北有馬町）にセミナリヨが設置された。そして翌天正八年、有馬晴信が受洗し、ドン＝プロタジオの教名を得た。ついで天正九年には、「甚だ高貴な少年二十六人」と、宣教師二人、修道士四人がそのセミナリヨにいるのが認められた（『天正九年年報』）。

なお、天正八年（一五八〇）には、大村にコレジオが設置される計画が立てられ、年々インドから来る者を収容して、日本語と日本の習慣を学ばせることとなった（天正八年九月十二日ロレンソ＝メシア書簡）。しかしこの計画は実現しなかった。天正九年には、大村と長崎に各一カ所レジデンシャ（駐在所）が設けられた。同様大村と長崎にガザ（住院）が設けられたが、このうち長崎のガザには、宣教師三人と修道士一人が駐在していた（『天正九年年報』）。

さらにまた天正十一年には、長崎（長崎市万才町）にミゼルコルディア（慈悲院）が寄附金によって建てられた。そしてここで、寡婦や孤児、および貧民を収容し、さらに癩《らい》患者の収容施設も設けられた。こうしてワリニアーノの指導の下、純忠領内においても教化体制は整備されていったのである。

キリシタンの隆盛

さきに天正八年（一五八〇）臼杵《うすき》に宗麟を訪れたワリニアーノは、さっそく同地にノビシアドを設け、翌天正九年正月には、府内にコレジオを設け、同国における体制づくりを進めた。

ついで彼は同年三月豊後を発して畿内に赴き、オルガンティーノの下における同地の布教状況を精力的に査察《ささつ》し、晩年の信長の歓待を受けるなどして十月初め豊後に帰った。そして十一月初め、最初上陸した肥前に立ち帰った。

純忠はワリニアーノを長崎に迎え、同地に二回にわたってワリニアーノを訪ね、盛大な祝宴を開いた。そして天正九年十一月三十日の降誕祭《こうたんさい》に、ワリニアーノは純忠の招きを受けて大村に行き、純忠以下大身たちの絶大な歓待を受けた。荘厳な祝いと、演劇が行われた。ワリニアーノは、新たに大村の地に来た四〇〇人の者に洗礼を授けた（『天正九年年報』）。

ワリニアーノは、天正十年（一五八二）一月早々少年使節を伴って日本を立去った。この年純忠領の住民およそ六万人はすべてキリシタンであり、もはや領内に仏教徒は皆無となっていた。

当時純忠領でキリシタンの教化に従事している宣教師はわずか四名であり、他に日本人修道士一人と、ポルトガル人修道士二人がいるだけであった。宣教師のうち二人は大村に駐在し、他の二人はシナからの商船が時々入港する長崎に駐在していた。そしてこれらの地から絶えず出張して説教をし、小児に洗礼を授け、また諸人の告白を聴いていた。このうち長崎は港町であるため、各地方の人々が参集し、そこで宣教師らの説教を聴いた。

この天正十年（一五八二）には一種の病病《えきびょう》が流行した。このため毎日死者が出た。二人の宣教師は大いに苦労し、絶えず告白を聴き、葬儀を行い、時には白らも熱病に罹《かか》った。しかし彼らは病人の救済を怠らなかった（『天正十年年報』）。

さきに述べた長崎のミゼルコルディアにおける慈善事業を聞きおよんで、遠くから救済を求めて長崎に来た他郷人が、感動して自ら積極的にキリシタンになっていくというケースもみられた（『天正十一年年報』）。

天正十五年の年報によると、純忠領内の仏教の寺院四〇以上が焼かれ、その跡に同数の教会が建てられたとしているが、ルイス＝フロイスによると、天正十三年（一五八五）当時、純忠領内に八七の教会が数えられたとしている（『日本史』）。

そして、同じく天正十三年当時、ルイス＝フロイスは、全領民約六万人としているが、別の個所では約七万人であったとして（『日本史』）相違する。ともかく純忠以下全領民がキリシタンとなって、一種独特のキリシタン王国を形成していたのである。

天正少年使節

長崎から出航した少年たち

さきに述べたように、天正七年（一五七九）七月わが国に来朝し、わが国における布教状況を精力的に査察し、あわせて教化体制の充実をはかったアレキサンドロ＝ワリニアーノは、天正十年一月多くの成果をあげて離日した。

その彼は、こうした教化活動の再建に成功した成果を、日本の数人の王、または貴族を直接ローマ教皇およびポルトガル王の下に遣わして、これを示そうと考えた。こうして少年使節を派遣することとなった。

ワリニアーノはこのための人選、および実行策について、大村純忠・有馬晴信、および豊後の大友宗麟の三名のキリシタン大名に諮《はか》った（もっとも、近年松田毅一氏の明らかにされたところによると、このうちの一人宗麟は、実はこの計画に加わっていなかったという）。この計らいの下に、有馬領のセミナリヨの生徒の中から、正使伊東《いとう》マンショ・千々石《ちぢわ》ミゲルと、副使中浦《なかうら》ジュリアン・原マルチノの四人が選ばれた。

四人の少年使節はワリニアーノに伴われて、天正十年（一五八二）一月二十八日、多くのキリシタンの見送りを受け、ローマへ向かって長崎を出航した。

この出発にさいして純忠は、ローマ教皇グレゴリオ十三世、およびイエズス会総長クラウディオ＝アクワヴィヴァ両者にたいし、それぞれ親書をしたため、これを彼らに託した。教皇宛の原文書は今日伝えられておらず、欧訳文が現存するのみであるが、これの邦訳文を示すとつぎのようなものである。

　憚《はばかり》多しと雖も、主の恩寵により、謹みてこの愚なる書翰《しよかん》を聖父に呈す。

　聖父はこの世に於てデウスの代官たり。且つ全キリスト教会の聖師にして学匠《がくしよう》なるが故に、余自ら諸海を渡りて貴地に赴き、聖父の御足に接吻し、その下に頭を置くべきなれども、そを妨ぐる用務多々あるが故に、これを果さず。今ここに耶蘇《やそ》会のパードレ＝ヴィジタドール、かくの如き遠隔の地を巡視するため渡来し、大いに感謝すべきことを多く行いたるのち、貴地方に帰らんとす。この好機会に、余が甥千々石《おいちぢわ》ドン＝ミゲルを同行せしむ。彼も、また余も、この旅行を為して、敢て聖父の足下に到るべき功徳を有せざれども、このことを為すは、余が大いに感謝するところなり。謹みて聖父に願うところは、今後当国及び新しきキリスト教会、並びに余を記憶せられんことにして、このほかには何も望むところなし。余はパードレ＝ヴィジタドール及びドン＝ミゲル詳細に陳述《ちんじゅつ》すべし。誠恐誠恐敬白。即ち大なる羞恥と道理及び畏怖とを以て、謹みてこのことを言う。

主の化身の年一五八二年

日本の第一月二十七日

手を挙げて崇敬し、デウスの代官にして最も聖なる教皇の足下に平伏す。

ドン＝バルトロメウ

（『大日本史料』第十一編別巻之一、一部文字修正）

右のほか、イエズス会総長宛のものも同じく天正十年一月二十七日付のもので、趣旨もほぼ同様のものであった。

彼らは途中、マカオ・マラッカ・コチンをへてゴアに着いた。ところがワリニアーノは、ローマのイエズス会総長から現地にインド管区長として留まることを命ぜられ、ローマに行けなくなった。そこで彼に代わってヌーノ＝ロドリゲスが一行を伴って赴くことになった。

ポルトガル王・ローマ教皇への謁見

一行はその後喜望峰をまわって、天正十二年（一五八四）八月十一日ポルトガルの首都リスボンに到着した。ついでイスパニアの首都マドリードに着き、十月十二日イスパニア・ポルトガル両国王フェリペ二世に謁見した。

当時王は海外に多くの植民地をもち、世界の制海権を掌握し、絶対君主として不動の地位を保っていた。謁見にさいして彼らは、刀・脇差《わきざし》・足袋《たび》・草履《ぞうり》・袴《はかま》というわが国の伝統的な武士の正装をし、豪華な馬車に乗って王宮に赴いた。

国王以下王族の居並ぶ謁見の間において、まず伊東マンショが、ヨーロッパ風にひざまずいて王の手に接吻しようとしたところ、王は手を差し出すことをせず、マンショを立ち上がらせ、この遠来の使節に抱擁の挨拶をされた。この破格の礼を他の三名にもされ、一同はひどく感激した。彼らは王に献上品を差し上げ、マンショとミゲルが純忠および有馬晴信・大友宗麟の名代として日本語で挨拶し、書状を奉呈した。

フェリペ二世への謁見を終えた彼らは、イスパニア領アリカンテよりイタリア領リボルノをへて念願のローマに達し、イエズス会本部に旅装を解いた。時に天正十三年（一五八五）二月二十一日のことであった。そして翌二十二日、ついに目的の教皇グレゴリオ十三世に謁見した。しかもそれは公式の枢機卿《すうききょう》会で迎えたうえ、国王や皇帝を迎接する帝王の間で謁見するという、異例の栄誉を賜わった。彼らは純忠はじめ、三大名からの親書を老教皇に奉呈した。

教皇はこの遠隔の日本からの少年使節を迎え、慈愛に満ちた応接をされ、少年らに大きな感銘を与えた。

八四歳の高齢の教皇は、謁見後ほどなくして昇天され、代わってシスト五世が新教皇となられた。そこで彼らは新教皇に謁見し、恩寵を受けた。

こうして荘厳の中にも熱気ある歓待を受けた彼らは、ローマ市民権まで与えられ、新教皇より三大名宛の親書を胸に、同年五月六日ローマを後にし、北イタリアを経由し、イスパニア領バルセローナ、マドリードをへてリスボンに着き、帰国の途についた。そして天正十五年（一五八七）四月二十二日インドのゴアに到着した。

その四日前純忠が病死し、さらに翌五月宗麟が卒去した。そしてさらに六月十九日、秀吉は宣教師追放令を公布した。ゴアから再びワリニアーノが彼らを伴い、日本に向かった。そしてマカオまで来た時、彼らは初めて純忠と宗麟の死去、宣教師追放令の公布を知り、愕然《がくぜん》とした。

だが賢明なワリニアーノはこれにひるまなかった。彼はインド副王の使節の名目で日本再入国をはかり、秀吉の許諾をとりつけた。こうして天正十八年（一五九〇）六月二十日、実に八年五カ月の日数をへて、使節は長崎に帰着した。そして派遣した三大名のうち、ただ一人健在であった有馬晴信の歓迎を受けた。その後彼らは上洛して、聚楽第《じゅらくだい》で秀吉に謁した。だが彼らは、純忠の嗣子喜前《よしあき》や、宗麟の嗣子義統《よしむね》に会うこともなかった。

以上がいわゆる天正少年使節の壮挙の概要である。

試練に立たせられた純忠

龍造寺隆信の大村領攻撃

右にみたように、純忠の領国《りょうこく》では、天正期に入ると彼の意志に沿ってキリスト教はますます発展していった。ところがそれと裏はらに、佐賀の龍造寺隆信の純忠への圧迫が加わることになり、彼の領国支配を脅かすこととなった。

隆信はまず天正三年（一五七五）、藤津《ふじつ》郡に侵入してきた。純忠は援兵を送ったが、浜ノ城（鹿島市浜町）城番大村左衛門太夫・嬉野《うれしの》地頭嬉野氏らも支えかねてここを引き払い、同郡は隆信の手中に帰した（『大村家覚書』）。

ついで隆信は、ついに純忠攻撃のため大村に向かった。その時期について、『歴代鎮西要略』は天正三年三月に隆信が武雄を発ち、五月に貝瀬《かいぜ》（萱瀬《かやぜ》）城を包囲したとしている。これにたいして『歴代鎮西志』は、隆信は天正五年五月藤津郡を発ち、同六月大村に入って貝瀬城を包囲したとしている。『大村家覚書』は、隆信が大村に侵入したのは天正五年十二月のことであったとする。さらに『藤龍《とうりゅう》家譜《かふ》』は、天正四年六月のことであったとしている。

純忠の隆信・鎮賢父子にたいする服従の起請文が、天正四年六月十六日付で発せられていることからして、右の『藤龍家譜』の説く、天正四年六月大村侵入説が正しい。

攻撃を受けた大村氏側の『大村家覚書』によると、隆信は松浦鎮信《しげのぶ》・後藤貴明《たかあきら》・渋江公師《しぶえきんもろ》らとしめし合わせて三方から萱瀬村に侵入して来た。そして隆信は、八〇〇〇の兵を率いて萱瀬村麻生岳《あそうだけ》に陣を構えた。

純忠はこれを聞き、萱瀬村の給人らにたいし、その地ははなはだ無勢であるゆえ、この隆信の大軍を相手に戦うことは難しい。自分も援けようと思うが、松浦・後藤両軍が背後にあるゆえこれもかなわない。よっていったんそこを引き払い、郡村の今富城まで撤退してここに籠城せよ。隆信がそこまで深追いしたところで、三城《さんじょう》と今富城《いまとみじょう》の両方から出兵してこれを撃ち破ろう、と伝えさせた。

萱瀬村の地侍である峰弾正《みねだんじょう》は今富城を預っていたので、この言に従おうとした。しかし他の者は、敵を見て一戦にもおよばず居所を去ることは武士の本意ではない。この地の菅牟田砦《すげむたとりで》を枕にして討死するより他はないとして、命に応じなかった。

純忠は彼らの申すところも尤もであるとして、今里弁都《いまざとべんと》に、汝すみやかに菅牟田に行き、地下人《ぢげにん》とともに力を合わせて戦うべし。もし戦死したさいには、汝の子孫にたいして無沙汰なきよう計らうであろう、として足軽三〇〇人を添え、同所に赴かせた。こうして萱瀬村では、同地の地侍峰釆女《みねうねめ》・同弾正・庄善助・一瀬半右衛門をはじめとして、百姓らを含め、三〇〇余人の者が志を一つにして菅牟田砦に立籠った。

いっぽう隆信は麻生岳《あそうだけ》を少し下り、石の上に腰を掛け、諸手に攻撃の命を下した。鍋島《なべしま》飛騨守・神代民部《くましろみんぶ》らが、菅牟田砦を追手・搦手《からめて》の双方から二日間にわたって攻撃した。大村勢は勇を鼓して弓を射、鉄砲を放ったため、隆信方は多くの手負い、死者を出した。

大村勢は矢玉も尽きはててしまったため、一同砦を出、身命を惜しまず戦った。しかし多勢に無勢で、ついに今里弁都・峰采女・同弾正・庄善助・一瀬半右衛門ら二〇〇余人が枕を並べて討死した。また隆信方も七〇〇余人が討たれた。

隆信は麻生岳から大村領を見渡し、これは広大で容易に征服はできない。そのうえ多くの士卒を討死させたので、今度はひとまず軍を撤収させようと考えていた。そこに翌十二日未明、とつじょ純忠が兵を率いて麻生岳に押し寄せて来た。不意のこととて、隆信は備える暇もなく、諸勢は散々に逃げ走るばかりであった。隆信も旗本ばかりになり、かろうじて諫早領尾和谷《おわだに》村に逃走した。純忠はこれに追討ちをかけ、三城へ引揚げた。

以上が『大村家覚書』の述べるところである。しかしこれは虚構の部分が多い。大村勢はそれほど威勢がよかったとは思われない。

『歴代鎮西要略』『歴代鎮西志』等によると、隆信は純忠攻撃のさい、後藤・有田・伊万里・山代《やましろ》・上松浦・下松浦などの諸勢を従えた。平戸の松浦隆信・鎮信父子も隆信に服従を誓い、この時兵船を大村に差し向けた。

大村に侵入した隆信は貝瀬城（萱瀬城、おそらく菅牟田砦を指すものと思われる）を囲んだ。この時先陣を鍋島飛騨守直茂《なおしげ》がつとめ、小川武蔵守・執行《しぎょう》越前守・鍋島豊前守がそれぞれ第二・三・四陣をつとめた。互いに相攻防するうち、隆信軍が城下の青稲を刈取り、大村軍を誘い出し、出て来たところを討つなどのことがあった。そのうち小川源右衛門がひそかに城に入って放火し、これを機に隆信軍は城の大手口を撃ち破った。この間双方にかなりの被害が出たが、ともかく城は陥ちた。

純忠は郡城《こおり》（大村城。好武《よしたけ》城のことかと思われる）にあったが、隆信はこれを囲んだ。純忠は有馬氏に援を求めたが、隆信のために阻《はば》まれて助けることができなかった。そこで純忠もついに屈し、隆信に和を請うに至ったとある。

おそらくこちらの方が真相に近かったと思われる。

なおこのさい、隆信の強い要求で、純忠の女が隆信の四男江上家種《えがみいえくさ》の妻とされるにいたった。

教会領となった長崎

天正四年（一五七六）、隆信は純忠を降したが、これ以後もますます隆信の純忠にたいする圧力は加わる事情にあった。

こうした折、純忠は天正七年来日間もない巡察使《じゅんさつし》アレキサンドロ＝ワリニアーノにたいし、長崎の地の寄進の話をもちかけた。その理由は、つぎのようなものであった。

第一に龍造寺（肥前に領国を持つ異教徒）がこの港を要求していることを、私は非常に恐れているからです。彼はそのことを強く望んでおり、もしそれを彼に与えるなら、今ポルトガル船が私に支払っている停泊税を私は失うでしょう。それは私の資産として必要なのです。もし拒絶すれば、理由があるので、激しい戦争になる恐れがあります。それに引き換え、もし教会に譲渡するなら、私は利益を集め、龍造寺も最早《もはや》それを要求しないでしょう。

第二の理由は、この港が教会のものとなれば、ポルトガル人達はその使用を止めないでしょうから、私は停泊税の収入を決定的に確保することができると思うからです。

第三の理由は、それによって私は、私の身体と領主権に保証をつけ、必要な場合には避難場所を持つことができるからです。

（天正八年七月五日〈一五八〇年八月十五日〉アレキサンドロ＝ワリニアーノ書簡所引）

この申し出を受けたワリニアーノは、その対応に苦慮した。第一にイエズス会の基本方針として、このような知行地を受領することは元来禁止されていた。第二にこの地を譲渡されたとしても、聖職者が犯罪人に死刑を宣告することはできなかった。第三にもし譲渡されれば、日本人の間で流布している、宣教師は日本に領土的野心を持っているという疑念がいっそう深まることになる。

そのため彼は、都《みやこ》と豊後《ぶんご》地方の司祭たちとは通信により、下《しも》地方の司祭たちとは直接会い、最後には長崎で協議するなど、一年近い長い検討の後に、ついに譲渡の申し出を受けることとした（松田毅一氏『日本巡察記』）。

寄進状とその条件

今日寄進状の原文は伝わっていない。しかしワリニアーノがローマの総長宛に送ったそのイスパニア文が現存する。それはつぎのようなものであった。

大村の領主ドン＝バルトロメウ（純忠）及び息サンチョ（喜前）は、イエズス会の司祭達に負うところ多きを顧み、上記イエズス会、及び同会の巡察使に対し、永久に長崎の町及びその領内の土地及び田畑を残らず贈与し、爾今《じこん》その所有権を譲渡する。かくてイエズス会の司祭達は、自ら欲する者を同地の役人に任命し、また解任して差支えなく、彼等が任命した役人に、死刑に処する権利、及び同所の善治の為、同地の法の違反者を罰する為に必要な権限を与える。

さらにポルトガル船が上記港に碇泊している間に支払うのが常である碇泊税を永久に付与する。ただしこの船と当港に到着する爾余《じよ》のすべての船舶の関税は保留する。それ等は、我が役人をして収納せしめるが、彼等は当所の司法や行政に決して干渉しない。

尚同様に、茂木とその領内にあるすべての田畑をも永久に司祭達に与える。而してこの贈与が決して変更されず、永久に有効ならん為にこの書状を作製し、予と息サンチョにより署名する。

天正八年四月二十七日

ドン＝バルトロメウ（純忠）

ドン＝サンチョ　（喜前）

これによれば、純忠は嫡子喜前と連署して、長崎および茂木《もぎ》を寄進することとしたのである。長崎のほか茂木が加えられているのは、この地が、長崎とともに長崎純景の知行地であったことによるものであった（『長崎年来記録』）。純忠はこの譲渡にともない、「黒船の船公事《ふなくじ》」、つまりポルトガル船の長崎港における停泊税をもイエズス会に与えることとした。ワリニアーノもその点について、

船がこの港に入ると、これ等二修院の生活を支えるほどの収入があるが、それは何の苦労もなしに入って来る。その理由は、ドン＝バルトロメウが、土地と共に船の停泊税を我等に贈与したからであり、それは一千クルザートに達する。この収入は船の入港如何にかかって居り、船は時にはこの港に入らぬから、あまり確実ではないが、それでもこの収入の為、（中略）この両域を我等の為に維持することは極めて重要である

としている。しかしそのいっぽう、純忠は関税徴収権のみは自らの手中に留保するが、当地の検断権に干渉することはしない、というものであった。

総体的にいって、これは純忠の自らの利害に立った譲与の申し出であり、受贈者の側が贈与者より優位に立っており、封建的権利・義務はいうまでもなく両者間に介在しなかったのである（安野真幸氏「教会領寄進文書の研究」）。

樒狩野介の誅伐

天正七年（一五七九）には、福田浦に近い樒《しきみ》村（長崎市式見町・柿泊町）の在地領主樒《しきみ》狩野介《かのすけ》にたいして隆信が内応を求め、狩野介がこれに応じたことが発覚したため、純忠の手の者によって誅伐された。

狩野介の謀叛を知った純忠は、今道越後《いまみちえちご》にこれを討ち取ることを命じた。しかし彼は大力の者であるうえ、剣術の達人であり、越後一人では心許《こころもと》ないということになり、他に八人の者をこれに添えることになった。

純忠は越後に、狩野介を召連れ三城に登城すべし、他の者を大手の門内に隠し置き、合図によってこれら八人の者が飛び出して狩野介を討ち取るよう計らわせよう。自分は西の楼《ろう》に上り、そこから討取りの様子を見物することにする、と述べた。

純忠の命を受けた越後は、さっそく八名の者にたいし、狩野介を伴い三城に登城して来るが、そのさい自分は昨今流行の「忍妻戸《しのぶつまど》」の歌を謡《うた》うこととする。ついてはその歌詞のうち、「爰《ここ》を頼む」というところを謡《うた》ったら、その時おのおの一同立ち合い、共に狩野介を討ち果たすこととしよう、とかたく言い含めた。

手筈を整えた越後は狩野介の館に赴き、殿の御召しゆえ早々登城されよ、ついては自分も同道いたす、と伝えた。狩野介も心得て、即刻三城に向かった。狩野介の弟城之助も、兄のことが気になったのか後を追い、三城の大手堀の傍で追い付き、我らも同道いたすと述べ、三人うち連れて城に向かった。

ところが心中不安に思ったのか、彼ら二人は越後を中に挟み、手を取って進んだ。このため越後は身体の自由を奪われ、いかんともすることができなかった。

そのうち大手門を過ぎ、例の歌を三度も繰返し謡ったが、隠れていた八名の者はいっこうに飛び出してこない。やがて楼の門も打ち過ぎてしまった。いら立った越後は、やむなく石につまずいた真似をして両手を振り切り、抜打ちに狩野介に斬り付けた。しかし狩野介もさる者で、逆に越後を斬り詰め、右の肩先から腕にかけ、大指まで斬り取ってしまった。このため越後は太刀を落としてしまった。

この時八名の者がおどり出し、狩野介兄弟を斬り伏せた。深手を負って倒れていた越後は立ち上がり、狩野介にとどめをさした。また楢村にいた狩野介の末弟は、福田氏が討ち取ってしまった（『大村家覚書』）。ここに楢氏は滅亡した。

大村左兵衛尉の誅伐

天正十一年（一五八三）十月、一族の大村左兵衛尉が謀叛により、純忠の手打ちにあった。

これよりさき天正四年（一五七六）、純忠は龍造寺隆信と和睦し、女を隆信の四男江上四郎家種《いえくさ》に嫁がせた。この縁組みに奔走したのが、大村左兵衛尉であった。彼は大村純伊《すみこれ》の三男忠豊《ただとよ》の曾孫である。ともかくこのさいの手腕を買われたのか、これを機縁に、隆信の大村方への用件は、以後すべて左兵衛尉を通して行われるようになった。

さっそく隆信は、純忠の女を家種の嫁にした上は、純忠の男子を一人、その証人に遣わされるよう周旋するように、と左兵衛尉に申し入れた。要するに態《てい》のいい人質の要求をしてきたのである。左兵衛尉は、これを諒承して純忠の下に赴いた。これを聞いた純忠は、大いに怒った。しかし左兵衛尉が、固くこれを諒承したというので、やむなく次男純宣《すみのぶ》に、朝長大学・宮原常陸介の両人を添えて佐賀へ送った。

その後、純宣の母がしきりに嘆くので左兵衛尉は同情し、隆信の下に赴き、純宣を大村に帰らせたうえ、自分がその替りに佐賀に留まった。

ところがその後、左兵衛尉は佐賀に留まるうち隆信に服従するようになり、浦上《うらかみ》に知行地を与えられた、という噂が流れた。これを裏づけるかのように、左兵衛尉は佐賀から大村に帰還して後、みごとな屋敷を普請し、大広間まで造るなどのことがあった。そこで純忠は、溝口大膳《みぞぐちだいぜん》という者を左兵衛尉の家に出入りさせ、家内の様子を探らせたところ、はたして隆信の下から密使が来る等のことがあって、彼が隆信に一味したことが事実であるとわかった。

純忠はさっそく、左兵衛尉を手討ちにすることとした。しかし彼は兵法の達人であり、容易に討ち取ることはできまいと思われた。この時、大村左近が進み出て純忠に、明日左兵衛尉と私とを御前に召し寄せ下されませ。そこで賭《かけ》の碁《ご》を私と左兵衛尉がいたし、頃合いを見て私が彼を組み伏せますゆえ、その時御討取りなされてはいかがでござりましょう、と述べた。純忠はこれに賛成した。翌日、計略どおり純忠の召しによって、両人は純忠の前に罷り出た。

純忠は両人に向かい、今日の徒然《つれづれ》を慰めるため、汝ら賭《かけ》の碁《ご》をしてみよ、と命じた。うまく話に乗った左兵衛尉は左近に向かい、負けた方は今晩殿に料理を差し上げ、また城の当番の者にも同じく振舞おうではないか、と述べた。そしていよいよ碁打ちが始まった。

純忠は脇で見物していたが、とつぜん長脇差《ながわきざし》を引抜き、左兵衛尉に斬り付けた。太刀先が眉間《みけん》に当たった。この時、左近がすかさず一太刀をあびせ、左兵衛尉を討ち取った（『大村家覚書』）。

隆信に追放された純忠

天正八、九年ころになると、純忠にたいする龍造寺隆信の重圧はいっそう厳しいものとなった。隆信は天正九年（一五八一）八月十八日、純忠から嫡子喜前を人質として佐賀に取ったが（『橘姓渋江氏由来』）、その二年後、新たに次男純宣《すみのぶ》・三男純直《すみなお》の二人の息子をも送るよう強要し、この両人の代わりに喜前《よしあき》を返還することを約束した。

純忠がこれに応じて二人の息子を送ると、三人の息子を人質とした隆信は、新たに純忠の「重立った親戚の者たち」も引き渡すよう求めて来た。これはいずれも純忠がその援助を必要とした者たちであった。やむなく純忠は、この人物たちをも隆信に引き渡した。このことが終わると、隆信は別の使者を送って、純忠に三城《さんじょう》を出て、波佐見《はさみ》（長崎県東彼杵郡波佐見町）の地のある小さく貧素で不便な場所に蟄居《ちっきょ》するよう命じて来た。

純忠は進展きわまり、拒否できないことを知っていたため、その要求に従って三城から立ち去ろうとしていた。ちょうどその時、隆信が侵略しつつあった肥後の一領主が隆信に叛いた。そのため隆信は、ただちに軍勢を率いて鎮圧に赴かねばならず、一時純忠にたいする右の企図を断念した。しかしこれが解決をみるや隆信は、再び純忠にたいし、夫人および家族を伴い、三日以内に三城から退去せよとの命を携えた三人の使者を遣わした。

純忠はこれにたいし何ら逆らうことなく、その命に応じた。退去にさいして純忠は、家臣を伴うことさえ許されなかった。この退去は、あまりに屈辱的、かつ不面目であったため、純忠は人目につくところを避け、町の外《はず》れを遠く迂回して旅立ったほどであった。

副管区長ガスパル＝コエリヨはこの件について深く憂慮し、純忠にたいし、もし彼が隆信の意に従うならば己《おのれ》の身を滅ぼすのみでなく、大村領におけるキリシタンを全滅させる重大な事態になるとして、思い止まるよう警告した。しかし純忠は、人質として取られている息子たちのことを考慮して、ついに隆信の要求を受け入れた。

こうして純忠は、隆信の手によって三城から追放された。この後隆信は、喜前を三城に入れることに決した。ただしこのさい隆信は、自分の部下をこれに伴わせて、喜前を中心とする隆信の傀儡《かいらい》政権を樹立し、あわせてキリシタンの全滅をはかった。喜前はいまだ若輩で、しかも未熟であったため、彼に従って来た悪辣《あくらつ》な部下の命のままになっていた。

大村に帰還するにあたって喜前は、須古《すこ》城中で隆信周辺の者たちに、大村のキリシタンに棄教させ、宣教師らを追放し、仏教を再興いたそうかと諮《はか》った。これにたいし狡猾《こうかつ》な隆信は、今しばらくキリシタンにたいして排撃する態度をとることなく、宣教師らにも表向き鄭重《ていちょう》に対処せよ、と答えた。これは中国のマカオから日本に来るポルトガル船よりの利益を収めようとする狙いによるものであった。

喜前に従って大村に来た隆信の手下は、キリシタンを殺害し、あるいは家財や妻子を奪取するなどのことをした。ある者は金銭を払って助かり、ある者は裸同然で、かろうじてその襲来から免れることができた。

隆信は、喜前が父純忠と話し合い、または書状・伝言を交わすことを厳禁し、これを届ける者は死罪とすることとした（『日本史』）。

純忠が隆信の手によって大名としての地位を失い、追放されたとするルイス＝フロイスの詳細な記事は、はたして事実であろうか。この点について大村藩関係者の手になる『大村家譜』『大村記』『大村家覚書』等の諸書にはいっさい記すところがない。あまりにも屈辱的なことであるため、事実であったとしても記述を避けたことは十分考えられる。したがって大村家側の史料に記述のないことをもって、ただちにルイス＝フロイスの右の記述内容が虚構《きよこう》であるとはいえないであろう。

だが大村氏の内情について穿《うが》った記事を載せる『大村家秘録』に、「天正八年、喜前公が龍造寺隆信のため人質となられ、唐津《からつ》貴志岳《きしだけ》（岸岳）城主の波多参河守《はたみかわのかみ》の下に過ごされることになった。その後喜前公が御帰国になられてより、純忠公と少々御仲が悪くなられた。純忠公は波佐見嶽《はさみだけ》で一カ年ばかり御過ごしになられた」（取意）とある。

直接純忠が追放されたとはいわず、また喜前の人質となった時期も、先の『橘姓渋江氏由来』が天正九年八月とするのとも相違する。しかし純忠が波佐見嶽に一年ばかりいたという記事は、まさにさきにみたルイス゠フロイスが純忠が波佐見に追放されたとする記事と符号する。さらに喜前が大村に帰還後、父純忠と仲違いしたという記事も、ルイス゠フロイスの記事からすればありそうなことである。隆信に籠絡《ろうらく》された喜前にたいし、純忠が立腹したことを示すものであろう。

ルイス゠フロイスの記すとおり、まさしく純忠は一年ばかり隆信のため波佐見に追放されたのであった。屈辱的なこの事件について、大村家ではこのことを黙殺し、真向から記述することをしなかったのである。

隆信の戦死と地位の回復

隆信は肥前征覇の一環として、純忠を屈服させたのに続いて、有馬氏にたいしても重圧をおよぼして来た。まず藤津郡においては、それまで有馬氏が同郡制圧の拠点としていた横造《よこぞう》城（鹿島市常広・中村）を天正四年（一五七六）に陥した。このため同氏は藤津郡を放棄した。

ついで翌天正五年、隆信はみずから有明海を縦断して高来郡神代《こうじろ》（長崎県南高来郡国見町）に上陸し、神代氏を従えて有馬氏に挑《いど》んで来た。そして翌六年にも再度来襲した。この間有馬氏の臣安徳《あんとく》・深《ふか》江《え》・島原の各氏も隆信に服した。そのため有馬晴信《はるのぶ》は妹を隆信の長男政家の妻とすることを条件に和睦した。

その後天正十一年（一五八三）、隆信が筑後経略に主力を注いだすきに晴信は隆信に叛き、隆信方の安徳純泰《あんとくすみやす》を攻めた。そこに翌天正十二年、遠く薩摩の島津義久《しまずよしひさ》も晴信支援のため弟家久《いえひさ》を高来郡に派遣した。このため隆信はまたも大軍を率いて南下し、ここに島原の地で龍造寺氏対有馬・島津連合軍の大戦闘が繰り広げられることになった。

当時有馬氏は、本拠とする日之江城のほか、高来郡で貧弱な小浜城《おばまじょう》（長崎県南高来郡小浜町）を抱えるだけとなっていた。高来郡内の領主の多くが隆信方についていたのである。

有馬・島津の連合軍七〇〇〇人にたいし、隆信は二万五〇〇〇の兵をもって攻撃を加えてきた。肥満体の隆信は馬に乗ることができず、六人の者が荷う駕籠《かご》に乗っていた。その兵は士気が高く、優れた装備を施していた。隆信の軍団は三分され、山・通常の道路・海岸の三つに沿って進んだ。前線にあった薩摩《さつま》軍は、これをみて色を失い、互いに顔を見合わせて死の汗を流した。晴信は教皇の聖宝を胸に懸け、大きな十字架を描いた旗を掲げていた。

この戦にさいして隆信は、純忠に有馬氏攻撃のため三〇〇〇人の出兵を命じた。純忠はやむなくこれに応じたが、隆信はこの兵を深江城（長崎県南高来郡深江町）に遣わした。しかし薩摩軍に阻まれたため、予定を変更して島原城《しまばら》（長崎県島原市）に入った。

当時隆信は、純忠の三人の子息を人質にとっていた。そこで隆信は、純忠とその三人の子息にも出陣を命じた。すでに純忠の嫡子喜前《よしあき》は、隆信に従って有馬氏攻撃に加わっていた。

純忠にたいするこの出陣要求は、彼と同じキリシタンである有馬晴信とその家臣を攻撃することであり、しかも晴信は純忠の甥であり実家の家督でもある。しかしもしこれを拒否すれば、人質となっている喜前以下の子息らの生命が奪われる恐れがあるということから、純忠にとっては、まことに苛酷なものであった。

これにたいし純忠は、末子ドン＝ルイスをひそかに晴信の下に人質に送り、隆信に服する気のないことを示した。また島原城に入った大村勢は、心中有馬氏が勝利するよう祈り、隆信軍の前で有馬軍の攻撃を命ぜられたさいは、銃に弾丸をこめずに撃つようにしようと申し合わせていた。

隆信はこの勝利の暁には、有馬領のキリスト教の撲滅をはかろうとしていた。宣教師らは勝敗の帰《き》趨《すう》に大きな関心を寄せていた。

合戦は天正十二年（一五八四）三月二十四日朝八時に開始された。隆信軍は銃五〇〇挺をいっせいに発射した。つぎに槍《やり》をもって攻撃した。このため有馬・島津軍は苦戦した。しかし有馬軍は大砲二門を発射してこれに応戦した。

両軍激戦のさなか、島津軍の部将川上左京亮忠堅《ただかた》が数名の部下を率いて隆信の駕籠《かご》の前に斬り進んできた。隆信は部下の兵が争いを始めたものと誤解して声高に、今は互いに争う時に非ず、汝らは隆信がここにいるのを知らぬかと叱りつけた。目前に隆信がいるのを知った左　京　亮《さきょうのすけ》は駕籠《かご》を担《かつ》いでいた者たちを追い散らし、駕籠から出て立ち上がった隆信に斬りつけた。隆信は南無阿弥陀仏と唱えたのち、たちまち首を斬られてしまった。一代の梟雄《きょうゆう》は、こうしてあっけなく戦死してしまった。

隆信の戦死によって、龍造寺軍は隊を乱して敗走した。その途次彼らの多くは負傷し、そして死んだ。島原城内にあって、隆信軍に荷担することを余儀なくされた大村軍は、島津軍に殺されることもなく、全員その武具・馬等とともに解放された。そして喜前は隆信の部下とともに戦場を逃れ、波多《はた》氏の下に赴いた。

純忠は、隆信の戦死によって、からくも大名の地位を回復し、三城に帰った（『日本史』『天正十二年年報』）。大村・有馬領内の宣教師やキリシタンも、安堵の胸をなで下ろした。

領国北部地侍の乱

隆信の戦死によって純忠の地位は回復したとはいえ、これ以後まったく安定したわけではなかった。天正十四年（一五八六）、早岐《はいき》・折宇瀬《おりうせ》・針尾《はりお》・日宇《ひう》・佐世保（ともに佐世保市）五カ村の地侍《ぢざむらい》・郷《ごう》民《みん》が、一揆を起こして純忠に叛いている。

この叛乱には、ハッキリとした理由があった。実は早岐《はいき》村の広田五郎兵衛という者が、かねてみごとなく隼《はやぶさ》を愛蔵していた。これを知った純忠が、しきりにこの隼を所望した。そこで彼はやむなくこれを献上した。そのさい彼は、もし後日不要となられた節はお返しを願いたいと述べ、諒承を得ていた。ところが純忠は約束を違え、後日これを別人に与えてしまった。これを知った彼は純忠を恨み、松浦《まつうら》氏に援兵を請い、早岐《はいき》以下五カ村の地侍・郷民を一揆させ、蜂起したのである。

これを知った純忠は、四月四日兵を率いて近くの鳶巣山《とびのすやま》（鷹巣山《たかのすやま》）に陣をとり、松浦丹後守盛・波多参河守鎮《しげし》らの援を得て、まず井手平《いでのひら》城に押し寄せた。ここには堀江大学を首将として、岡九郎右衛門・横田又兵衛・薬王寺住持・松江六左衛門・岡甚太郎ら三〇〇余人が守っていた。純忠は士卒を下知して、入れかわり立ちかわりこれを攻め、ついに首将堀江大学以下百余人を討ち取り、即日これを攻め落とした。

ついで純忠は広田城に押し寄せた。ここには佐々清左衛門入道嘉雲《がうん》・佐志方《さしかた》杢兵衛《もくべえ》入道善芳《ぜんぽう》を首将として、岡野甚右衛門・同小源太・長峰久助・悪多左市、その他大勢が立籠っていた。しかし井手平城がすでに落城したことを聞き、彼らは力なく落ち失せてしまった。こうして叛徒は討たれた。

長与純一の謀叛

つぎに天正十四年（一五八七）九月、長与《ながよ》村（長崎県西彼杵郡長与町）の在地領主出身で、純忠の家臣となっていた長与太郎左衛門尉純一《すみかず》が純忠に叛いた。『新撰士系録』によると、長与氏はもと斎藤別当実盛《さねもり》の子孫で、初め永井氏を称していた。その後戦国初期、大炊介家清《おおいのすけいえきよ》が彼杵荘《そのぎ》長与村に知行地を得て、長与氏を称するようになったとしている。

しかしこれはあまりあてにならない。「東福寺文書」によると、すでに鎌倉時代の永仁七年（一二九九）六月二十六日、長与次郎左衛門尉家綱という者が彼杵荘長与村にいたらしいことがわかる。また先述の家清は、同じく『新撰士系録』『大村家覚書』などによると、有馬貴純《たかずみ》に敗れた大村純伊《すみこれ》に従って佐々村にあったが、文明九年（一四七七）純伊の身代わりとなって忠死したとされている。しかし純伊の中岳原《なかだけはら》合戦敗北と、それにともなう加々良島《かからじま》への敗走は虚構とみられるから、長与家清の佐々村での忠死という記述もまた疑わしい。

長与純一《すみかず》は家清の子純家《すみいえ》の子で、兄純平《すみひら》の夭死《ようし》によって家督をついだ。純一の謀叛の動機は不明である。周辺の諸領主と提携した形跡がない。『新撰士系録』はたんに「逆心」とし、『大村家覚書』は「純忠の命に背《そむき》て暴悪をなす事甚し」と記すだけである。

純一の謀叛を知った弟純親《すみちか》は、頻《しき》りに兄に諫言した。しかし純一は聞き入れず、ついに長与川の河口左岸の浜城《はまのしろ》（長崎県西彼杵郡長与町斎藤郷・時津町浜田郷）に立籠った。やむなく純親は大村にいたり、これを純忠に訴えた。

これを聞いた純忠は、ただちにその追討について評議していたところ、大村左近太夫純常《すみつね》が追討の役を買って出たので、これを首将として攻撃に向かわせた。

純常は五〇人の兵を率い、夜間海路ひそかに長与村にいたり、浜城を攻撃した。城からは鉄砲・

弓・石などをもって防いだので、純常方に若干の犠牲者が出た。しかし間もなく城中の矢玉は尽きてしまった。それを見た攻撃軍は、大村彦次郎純勝《すみかつ》を先頭として、いっきに城に攻め登った。このため城は陥ち、純一は深堀に出奔してしまった。

このとき攻撃軍はあまりにも急ぎ、山頂の城に駆け登ったので、軍兵は皆喉《のど》が渇《かわ》き、息も絶えんばかりであった。その時誰かが「梅ぞ」と呼ばわったので、一同唾を飲みこみ、渇きを癒すことができた。それより以後、この城を唾飲《つのみ》城というようになったという(『大村家覚書』)。

＊　＊　＊

以上によれば、三七年におよぶ純忠の治世中、家臣の謀叛は、その前・中・後期のいずれの時期にも発生している。しかも膝下の大村をはじめ、領国全域におよんでいる。さらに謀叛人は、たんに在地領主出身の家臣のみでなく、一族・近臣・および老臣の中からも出ているが、このことは問題の深刻さをうかがわせるものといわねばならない。

これらの謀叛は、初期から中期にかけては後藤貴明《ごとうたかあきら》と内通して起きたものが大半を占め、後期においては龍造寺隆信、および松浦隆信・鎮信《しげのぶ》父子と内通して起きたものが多く、単独で謀叛を起こしたのは、一瀬内蔵助《いちのせくらのすけ》と長与純一《ながよすみかず》程度であって、きわめて少ないのが特徴である。

そして特に初期の謀叛人にたいしては、純忠は自らの地位の不安定な理由から、断乎とした処分をすることができず、これがその謀叛を再発させる結果を招いた。針尾《はりお》伊賀守がその例である。純忠は、こうした謀叛の頻発に常に苦慮していたといわねばならない。

Ⅶ　純忠の卒去とその歴史的位置

純忠の病没

死の床につく

晩年病魔に身体を冒された純忠は、ほぼ天正十四年（一五八六）の秋ごろには家督を嫡子喜前に譲っていた。天正十三年秀吉が使者を大村氏の下に遣わし、服従を求めて来た時は純忠がこれに従っている（『大村家覚書』）。その後同十五年春、秀吉が島津氏追討のため九州に下向してきて、あらためて大村氏に薩摩に出陣することを求めてきた時、純忠はすでに老い病いて「退居」していたという（『大村家譜』）。

純忠はその病身を、郡川《こおりがわ》のほとり坂口《さかぐち》の地（大村市荒瀬郷坂口）の重臣庄頼甫《しょうよりすけ》の旧館に養った（『郷村記』）。『大村家譜』その他にいう坂口館というのがそれである。今日樹木に覆われた館跡には石を配した泉水があり、湧き出る清水が往時の純忠の生活の一端を偲《しの》ばせている。

純忠はこの館で、長期にわたり病苦と闘って卒去した（『天正十五年年報』）。享年数え年五五歳であった。

その卒去の時日について、同じく『天正十五年年報』は西暦一五八七年五月二十四日、すなわちわが天正十五年四月十七日としている。いっぽうルセナは、一五八七年五月二十五日としている（『大村キリシタン史料』）。これはわが天正十五年四月十八日に相当する。

ところが『藤原姓大村氏世系譜』『大村家譜』『大村家記』『大村記』など、わが国側の史料は、皆ともに天正十五年五月十八日としている。しかしこれらは江戸時代の記録であり、史料価値に問題を残している。ルセナは純忠卒去まで近侍した人であって、彼の記録こそ最も信頼性があるというべきであろう。大村氏関係者の手になる右の諸書は、四月を五月と書き誤ったものであろう。

ところでその病気は何であろうか。まず純忠の側近にいたルセナは、純忠が二年間患ったうえ「重病」に陥り、「最後には肺病になった」としている。いっぽうルイス＝フロイスは、彼は「扁頭腺炎《へんとうせんえん》のようなものが咽喉《いんこう》に生じ」、「数カ月にわたる長期の病臥《びょうが》を余儀なくされ」、最後にはやつれはて、死の映像を思わせる有様となっていたとしている（『日本史』）。『天正十五年年報』も、「彼の主なる病気は咽喉にあり」、約半年間患いつづけたとしている。

以上によれば、けっきょく彼は肺結核に喉頭結核《こうとうけっかく》を併発し、二年程度の長期療養をし、最後の半年間はほとんど臥床して死んだということになるであろうか。

満ち足りた死

長期の療養生活を送り、この間に痩せ細り、体力の衰えを感じた純忠は、早くから死を予見していたようである。そしてルセナをはじめとする宣教師らに囲まれていた彼は、純粋なキリシタンとして、残された生の期間を可能なかぎり充実した精神生活で満たそうとした。この間に関する宣教師らの記録は、かなりな程度克明に描かれてる。

それによれば純忠は、最後の時期、家督を嫡子喜前に譲っていたせいか、領国支配に何の関心も示すことなく、また家族とも離れ、ただひたすら、自己の魂の救済のみに専念していた模様である。純忠はこの時期、かつて「彼が何かしら不快な思いや悲しみを与えた人々と和解がしたい、といってそのとおりにした」り、あるいは戦争の捕虜を解放したりした（『大村キリシタン史料』）。そして秘《ひ》蹟《せき》を授けられるよう希望した。

死の前日になって純忠は、側近にいた侍女に、籠《かご》に飼っていた一羽の小鳥を解放するよう命じた。いよいよ最期が近づいてきたとき、彼は、「予は良心の重荷となるべきものを何も感じていない。ただ伴天連様が傍におられぬのが心残りである」と述べた。臨終のさい、ちょうどルセナは短期の旅行をして留守していたのであった。そのことを除けば、彼はまったく満ち足りていたのである。

彼の傍にいた家臣たちが、「多くの船隊を率いて島津《しまず》氏追討に薩摩《さつま》に赴いておられる喜前《よしあき》殿、および純宣《すみのぶ》殿（二男）にお会いになりたくはありませぬか」と訊ねた。

これにたいして純忠は、「予にそのようなことを思い起こさせるべきでもなく、また話すべきでもない。ただ予の救霊のこと、天国の栄光のこと、イエズス様、マリア様の御名のことだけを語ってもらいたい」と答えた。そして夫人や、居合わせた息子や女《むすめ》たちを別室に退けた。そして、「予の前に誰も姿を現してはならぬ。今はのきわに、御身らの姿が、予の霊魂の救いに何らかの妨げとなることがないように願うからである」と伝えた。

家族が引き下ると彼は、「予のために、デウス様に祈っていただきたい。また、予の霊魂が早く煉獄の罰から出られるよう、伴天連様にいくつかのミサを捧げて下さるよう願ってほしい」と周囲の者に告げた。そして、やがて息を引き取った（『日本史』）。

その葬儀には大村の他、長崎・有馬《ありま》から数名の宣教師と修道士が参集し、これにセミナリヨの少年たちが加わって、荘厳・盛大に挙行された。ただ嫡子喜前《よしあき》、および二男純宣《すみのぶ》はさきにも述べたように薩摩に出陣中であって、参列できなかった。

葬儀にひき続いて埋葬が行われた。宝性寺という名の教会（耶蘇寺《やそでら》）が、その葬ったところであった（『大村家譜』『藤原姓大村氏世系譜』）。そして純忠の遺品の数々が、仏教徒の慣習を汲み入れて、教会へ送り届けられた。

なお因《ちなみ》に『大村家秘録』は、純忠は有馬氏との合戦の節、肥前藤津《ふじつ》で討死されたとしているが、もとより取るに足らない。

キリシタンとして葬られた純忠も、その後禁教体制下に入ると、当然墓も仏式に改葬された。『郷村記』『大村家譜』などによると、三城城下の富松《とみまつ》神社の前田の中にあった宝性寺から、慶長四年（一五九九）草場《くさば》寺に改装され、さらにその後万治元年（一六五八）、大村家の菩提寺である本経寺《ほんきょうじ》に再度改装されたという。しかし本経寺に、今日なぜか純忠の墓は認められない。同寺にある喜前の隣の純伊の墓とされているものが、純忠の墓ではないかとする憶説もある。

純忠の人物

障害者だった純忠

今日、残念ながら純忠の風貌《ふうぼう》を伝える肖像画は伝わっていない。永禄六年（一五六三）わが国に来朝したルイス＝フロイスは、同年頃の純忠について、その容貌《ようぼう》はこの地のいかなる人よりも立派であったので、ポルトガル人たちから大へん愛されていると記している。純忠と直接会ったフロイスの記事であって、ある程度信じてよいかもしれない。

ところがやや時代をへて記された『日本西教史』は、純忠は幼少のころから人の上に立つ性格を備えていた。身体は完全無欠であり、容姿はまことに高貴であった。そのうえ寛大さを持つ一方、きわめて大胆であり、英敏であって、人から敬愛《けいあい》されているとしている。

しかしここまで褒《ほ》めるのは明らかに眉唾《まゆつば》ものである。第一彼は後に述べるように障害者であって、決して身体完全とはいえなかったのである。

イエズス会の宣教師は、キリスト教に善意を示し、保護を加える日本の領主については好意ある筆《ひっ》致《ち》をもって記す反面、キリスト教に敵意を示す者にたいしては、悪しざまに記すのが常であった。純忠についての記述も例外ではなかった。したがって右の記事はもちろん鵜《う》呑《の》みにできるものではなく、大いに割引きして受けとめるべきであろう。

イエズス会の『天正十五年年報』によると、純忠は永禄六年（一五六三）七月老臣らのクーデターに遭《あ》って後、片足に病を得て跛《あしなえ》となったとしている。ところが一方、天正六年（一五七八）から同十五年までの十カ年間、純忠の側近にあって、深い交わりをもった宣教師アフォンソ＝デ＝ルセナは、純忠は片手が不自由であったとその回想録《かいそうろく》で述べている。いずれか一方が手と足とを取り違えたものであろう。この点純忠の側近に長らく居たルセナの記事に信頼をおくべきで、片手が不自由であったとみるべきであろう。

その身体についてさらにいえば、彼はある種の宿痾《しゅくあ》に悩まされていたらしい。『大村家覚書』によると、天正二年（一五七四）正月元旦の年頭の慶賀《けいが》に、家臣たちは純忠の拠城三城《さんじょう》に続々と登城して来た。純忠は朝の間は一族はじめ、登城の者たちに対面し、挨拶を受けた。しかしそのうち「持病」が起きたので対面ができなくなり、やむなく退いて休息し、嫡子喜前を名代《みょうだい》に立て、代役《だいやく》を勤めさせたという。しかしこれが家臣の一人一瀬内蔵助《いちのせくらのすけ》に誤解を与え、謀叛を起こさせる原因となったことはさきに述べたとおりである。

晩年はことに病気勝ちであったらしく、病死するまでの二年間、肺病を患っていた、とルセナは記している。瘦《や》せ衰えていた晩年の純忠の容貌《ようぼう》が想像される。しかし本来の彼は、つぎに述べる躁鬱質《そううつしつ》の気質であることから、ずんぐりで小ぶとりの体型であったとみられる。

躁鬱質の気質

純忠の言動をみてみると、どうも一貫せず相反するものがあり、また理屈を超えた大胆なところがある。いわゆる躁鬱質《そううつしつ》の気質の持ち主であったといえそうである。

まず言動に、陽と陰とが交互に織《お》りなされている。たとえば永禄六年（一五六三）、受洗したころの純忠は、鎧《よろい》の上に陣羽織《じんばおり》を着ていたが、それは白地に地球を描き、十字架を記した一種独特のいでたちであり、また戦に臨《のぞ》む時は十字架の旗をなびかせていたという。これは彼の明るく、自己顕示欲《じこけんじよく》の強いことを示している。

そして永禄十二年（一五六九）の復活祭に、純忠は花の冠《かんむり》をつけて練り歩く快活さであった。日本布教長トルレスや、巡察使ワリニアーノを大村に招いて歓待し、さらに宣教師の布教活動に支援を与え、教会の建設等に便宜を与えたことは本書で多く記すとおりであって、暖かく世話好きな彼の性格を示している。

わが国戦国大名の中で最も早く洗礼を受けたのも、積極的で進取の気性によるものといえる。やや見方を変えれば、彼の好奇心の強さ、新しいもの好きの性格が一枚かんでいることは確かであろう。これらは、彼の躁《そう》の気質が現れたものである。

ところが、永禄六年（一五六三）老臣たちのクーデターにあって大村館を追われ、一時姿をくらました後、再び大村に帰ったころの純忠にはかなりふさぎこんだ面がみられる。修道士ミゲル＝バスの書簡によれば、純忠はその後三年あまりもひきつづき失意に陥っていたという。これは彼に欝《うつ》の気質があったことを示すものであり、環境の悪化が、そのことをいっそう増幅させたとみることができよう。

こうした相異なる彼の気分は、他の面にも現れている。さきに触れたように、彼は謀叛人の大村左兵衛尉を手討ちにし、樒狩野介《しきみかののすけ》を呼び出し、これを謀殺する剛直な面を備えていた。しかしその一方、キリスト教のカテキズモ（教理）を聴き、洗礼を受けるさいの彼は内省的であり、きわめて謙虚な態度を示した。そして死を目前にしたころの彼は、捕虜を解放さえしている。

またある時はきわめて慎重であるが、ある時は軽卒であり、時として常識を逸脱した振舞いが認められる。たとえば受洗直前の彼は兄有馬義直（義貞）に注意を払い、キリシタンになろうとすることについて、熱心な仏教徒であった兄の気分を害しはせぬかと心配している。さらに自らの受洗後、家臣たちに受洗させようとしたさい、他の保守的で熱心な仏教徒の家臣たちを刺激することのないよう、また他人に目立たぬよう、小人数に分けて横瀬浦に赴かせたという。配慮をつくした彼の態度が認められる。

しかしそのいっぽう、受洗直後の彼は、軍神摩利支天像《まりしてんぞう》を焼き、あるいは養父純前の像（あるいは位牌《いはい》）を焼いたという。いかに自らがキリシタンとなったからとはいえ、ずいぶんと思い切った行為をしたものである。ここではむしろ無分別としかいいようのない彼の姿がある。受洗後、多良岳の宝円寺の法印阿春《あしゅん》（あるいは金泉寺の法印阿金《あごん》）に迫られて出家入道したかと思うと、その直後これに憤慨したガスパル＝コエリヨに神仏からの離脱を強要されると、今度はこれに応じ、天正二年（一五七四）十月以後寺社を焼打ちし、領民に入信を強制することをしている。これらは他人の影響を受けやすい、やや軽い彼の性格をうかがわせるものといわねばならない。

さきにも述べたように、天正二年（一五七四）の年頭の祝賀にさいし、それまで気嫌よく家臣の挨拶を受けていた純忠が、とつぜん「持病」が起きて奥に引取り、嫡子を代役に立てたというのは、彼がしばしば躁《そう》と鬱《うつ》とを反復していたことを示すものではあるまいか。しかしそれは、一瀬内蔵助ら一部家臣の目には、まことに恣意《しい》的な気分屋としか映らなかったのである。

広田五郎兵衛の倖を召し上げた時もそうである。この時純忠は、不用の節は返してほしいという五郎兵衛の頼みを聞き入れながら、約束を違えて他人に与えている。純忠にしてみれば、五郎兵衛との約束などとっくに忘れてしまっていたのであろう。

こうしてみると、純忠の気質は、時として彼を優れた頼み甲斐のある人物として映させる反面、一方では気まぐれの欠格者に近いものともみられる結果となっているといわねばならない。

歴史上における純忠の位置

最後まで不安定な地位

以上述べてきた点をふまえ、歴史上における純忠の位置を考え総括してみたい。

純忠の背景となった大村氏は、古代以来の古い伝統的在地領主であった。その出自は必ずしも十分明らかではないが、平安末期には武士化し、平正盛による直澄《なおずみ》追討事件があったとはいえ、おそらく全盛期の平氏に従っていたものと思われる。このことは、平家滅亡後成立した鎌倉幕府の下では、一応その本領を安堵《あんど》されて地頭・御家人となったとみられるが、西国御家人として幕府から決して優遇されることにはならず、このためむしろ朝廷側に親近感を抱くこととなった。この点肥後の菊池氏と同様であって、幕府滅亡後南北朝期にあっては、後醍醐《ごだいご》天皇の南朝方にまわり活躍することとなった。

しかしながら、当時大村氏をとりまく彼杵荘内の諸領主をみていると、千綿《ちわた》の江串《えのぐし》氏を除いて、他はすべて北朝方に属し、彼杵一揆《そのぎいっき》を結成して大村氏への対抗勢力を組織しており、このため大村氏の大名領国形成は容易ならざる道程を踏まねばならなかった。南北朝以降の大村氏は国人《こくじん》領主として、これら反大村勢力を解体し、被官《ひかん》として吸収することによって戦国大名化を達成するのである。この間大村氏は、高来郡の有馬氏と歴代抗争を余儀なくされ、戦国初期に千葉《ちば》氏や有馬氏のためその領国を追われ、制圧されるなどのことがあった。

しかしながら大村奪回後の同氏は、急速に勢威を進展させることに成功した。有馬氏との和平の効奏、反抗勢力の討伐と、その跡地への一門の分封《ぶんぷう》などをとおして東彼《とうひ》を収め、ついで西彼《せいひ》へ勢いを浸透させていった。

純忠はこうした時有馬氏から入嗣したものであるが、養父純前《すみさき》が実子を他家に出してまでして迎えられるというきわめて特異な相続形態をとったことは、最初から領内に不穏な空気を醸成した。すなわち国人領主出身として一応戦国大名化を達成したものの、権力の中枢を構成する老臣《ろうしん》との間に対立のしこりを持ち続け、最後まで家臣の謀叛に苦しみ、しかもこれら叛徒が大村領をうかがう後藤貴明《ごとうたかあきら》に内応し、西郷純堯《すみたか》、松浦隆信《まつうらたかのぶ》・鎮信《しげのぶ》父子、深堀純賢《ふかほりすみまさ》、および龍造寺隆信《りゅうぞうじたかのぶ》らの領内侵入を招き、領国支配を著しく不安定なものとする結果を生んだ。

戦国大名としての純忠は、直轄領の不足によって財政的基盤が弱く、支配機構、軍事体制、家臣統制等のいずれをとっても未熟であった。この結果元亀三年（一五七二）七月、いっきょにその拠城三《さん》城《じょう》を敵に包囲されて危機に陥り、さらに天正十一年（一五八三）ごろにはついに龍造寺隆信によって領主権を奪われ、追放されるという屈辱を受け、戦国大名としての無力をさらけ出した。

危険な賭けだったキリスト教受容

純忠のキリスト教への接近、そして入信、さらに天正二年（一五七四）十月以降における全領民への入信の強制などの一連の動きは、少なくとも初期においては、これと不可分の関係にあるポルトガル貿易の利による軍事・経済力の補充を狙ったなまぐさい現世利益を意図したものであったことは確実である。このことは確かに実効があり、純忠は相当程度これによってその目的を達成し、着想の良さを裏付けた。

しかし同時にその一方において、このことが家臣・僧侶の間に反純忠勢力を生み、さらにこれをつのらせる口実を与え、領国内に著しい内紛を惹起し、領国支配を困難に陥らせるマイナスを生んだことも確かである。さらに彼のポルトガル貿易の利益にたいする期待の大きさが、その領国経営の努力を怠らせる甘さをもたらしたということもできる。彼は権力の中枢にある老臣たちとも十分な信頼関係を持続することができず、孤独であった。

要するにキリスト教への接近は、そうした正と負とを同時にもたらす危険な両刃《もろは》の剣《つるぎ》であったが、彼はそれに気づく以前にキリスト教にのめり込み、没入してしまっていた。ただキリスト教を受け入れた初期の彼は、最初神仏の否定ではなく、これとあわせて同時にキリスト教を信仰することが、領国安泰の道であると考えていたフシがある。したがってキリスト教信仰は、その晩年はともかく、きわめて日本的な多神教の一環としてなされたものであった。

純忠の業績は、戦国大名として大をなしたとか、あるいは質的にみるべき領国経営を実施した等にあるのではなく、むしろその本領は他の点にあった。彼についてみる場合、第一に永禄六年（一五六三）に受洗したこと、第二に元亀元年（一五七〇）に長崎を開港したこと、第三に天正十年（一五八二）に少年使節を大友宗麟・有馬晴信らとともにローマ教皇の下に派遣したことの三点が、特筆すべきこととして指摘することができよう。

第一の点は、他の戦国大名にさきんじて、ザビエル来朝一四年後にいち早く受洗した、ある意味で無謀かつ大胆ともいうべき先端的行動であり、第二の点はその開港地長崎が、のち江戸時代における鎖国下、わが国における唯一の世界に開かれた窓であった点から注目されるのである。そして第三の点は、閉鎖的な当時の日本人のとった行動としては、きわめて稀有《けう》の快挙であった。これらは西海の弱小戦国大名という彼のおかれた悲痛な立場とはうってかわり、まことに驚くべき斬新《ざんしん》かつ壮大な事績として光彩を放っている。

しかしこれら相互に懸隔した、一見矛盾ともとれる事情も、実は追い込まれた彼の抜きさしならぬまさにその立場が、パラドキシカルにこうした状況を生み出したものなのであった。ただこれらはいずれも宣教師らの主導の下に進められ、たんに彼はそれに応じたものにすぎず、殊に第二の点は、後年長崎が置かれた状況に基づく結果論にすぎないとの批判もあるであろう。しかしその動機のいかんを問わず、これらがわが国文化史上に占める偉大さは、何人といえども否定することはできないであろう。

ただこれらは、遠く時間的隔たりを置いたわれわれの歴史的評価というものであって、当時の純忠は、繰り返しになるがまことに不安定な中に位置を占めていた。内外の圧迫によって力を弱めていたこの虎は、死してのち見事な皮を残したのである。

純忠没後の大村氏

純一政権への服属

すでに純忠存命中の天正十三年（一五八五）、秀吉は杉本藤蔵《すぎもとうぞう》以下およそ二〇名からなる者を純忠の下に遣わし、その下知に従うようにとの御教書《みきようじよ》を手渡した。純忠はこれを容れて、その麾下《きか》になるとの意を表した。有馬・松浦両氏もまた純忠が服したことを聞き、これに倣《なら》って従った（『大村家覚書』）。

このことは、島津氏を追討しようとする秀吉の軍に参加出陣することを意味した。はたして翌天正十四年十月十二日、秀吉から純忠にたいして朱印状がもたらされ（「小早川家文書」）、島津氏追討のため出陣することを命じてきた。

純忠に代わって家督となった嫡子喜前は秀吉軍に加わり、島津氏追討のため薩摩《さつま》に赴いた。なおそのさい、佐賀の鍋島直茂《なべしまなおしげ》が喜前の下に使者を遣わし、貴殿はそのまま大村に留まり領内を守るようにと求めて来た。しかし喜前は、秀吉から薩摩に出陣するよう命ぜられているから、貴殿の求めには応じ難いと断ったという(『大村家譜』)。

直茂がどういう事由から、こうしたことを喜前に伝えたかは不明である。諫早の領主西郷信尚《のぶひさ》がこの節出陣しなかったため、後年秀吉から罰せられて、その所領を改易された事情がある。もしこの時、喜前が直茂の言に従って赴かなかったとすれば、大村氏もまた同様、秀吉から改易される悲運にあう恐れは多分にあったと思われる。

翌天正十六年(一五八八)直茂が、秀吉の直轄領とされた旧教会領長崎の初代代官になった点を考えれば、直茂に大村氏を陥れ、その所領を併呑しようとする意図がまったくなかったとは断言できない。とすれば、喜前は直茂のしかけた虎口を危うく脱したということになる。

薩摩に赴いた喜前はその功を賞せられ、同国川内《せんだい》の太平寺《たいへいじ》に在陣中の秀吉からその所領を安堵され、領主権を保証された。ここに大村氏は、秀吉の統一政権の下に組み込まれることが確定したのである。西の松浦鎮信《しげのぶ》も、同じく所領を安堵された。喜前は鎮信の請により、妹を鎮信の嫡子久信《ひさのぶ》の妻に送り、同時に先年松浦氏が大村氏から略取していた早岐《はいき》・折宇瀬《おりうせ》・針尾《はりお》・日宇《ひう》・佐世保の五カ村を、彼女の化粧料とするとの名目で、そのまま松浦氏の所領とすることを認めた(『大村家記』)。略取されたものであれ、秀吉による鎮信の知行安堵がなされた以上、喜前も右の諸村について、こうした処置のつけかたをするより手がなかったものであろう。

いっぽう東の諫早の地は、先述のように西郷氏が秀吉の不興《ふきよう》をこうむって知行を改易されてのち、龍造寺氏の一族家晴《いえはる》がその跡を給与されることとなった。同氏はのち諫早氏を称する。

激動期における喜前

純忠およびそれに引続く大友宗麟の卒去後、九州平定を終えて帰東の途次、秀吉は博多の宿でかの有名なバテレン追放令を出した。そして翌天正十六年（一五八八）五月十八日、貿易港として隆盛に向かっていた長崎の地を直轄領として収公した（『長崎根元記』その他）。

領主喜前以下、少なくとも形式的には全領民がキリシタンとなっており、また教会領となってのちも、関税収入を得ていた長崎を失うなど、大村氏としては、この一連の秀吉の政策を最も深刻に受けとめたとみられる。

さらに肥後宇土《うと》の新領主となった小西行長《こにしゆきなが》が、拠城宇土城の修築を同国天草《あまくさ》・志岐《しき》の各領主である天草伊豆守・志岐兵部入道麟専《りんせん》両人に課したが、彼らはこれに応じようとしなかった。怒った行長はこれを秀吉に訴えた。そこで秀吉は天正十七年十月、喜前および加藤清正・松浦久信《ひさのぶ》・有馬政純《まさずみ》・五島盛勝《ごとうもりかつ》らにその攻撃を命じた。

右の志岐麟専《しきりんせん》は、純忠の末弟諸経《もろつね》その人であって、さきに有馬氏から志岐氏に入嗣していたのである。喜前としては、秀吉から叔父の攻撃という苛酷な命を受けたわけであるが、彼は諾々《だくだく》としてこれに従い、麟専を攻撃してこれを降した（『大村家譜』『北肥戦誌』）。

しかし喜前にとっていっそう厳しかったのは、秀吉から朝鮮出兵を命ぜられたことであった。すなわち文禄二年（一五九三）、喜前は一〇〇〇人の兵を率い、小西行長・宗義智《そうよしとし》・松浦鎮信《しげのぶ》らとともに、同年四月肥前名護屋《なごや》を発って朝鮮に入った。以後講和によって慶長元年（一五九六）六月から翌二年正月まで一時帰国した以外、秀吉の卒去によって慶長三年に帰国するまで、実に足かけ七カ年の間、朝鮮の戦野で部下とともに身をすごした。

無益な出兵を終えて喜前が帰国した時、早くも秀吉の遺子秀頼《ひでより》を擁する石田三成《いしだみつなり》らと、徳川家康との間に不穏な空気が漂っていた。こうした状況に対応するため喜前は慶長三年、それまでの中世的な平山城である三城《さんじょう》に替わる近世城郭玖島《くしま》城を築き、翌四年移居するとともに、家臣をこの城下町に集住させた。また同年領内総検地《そうけんち》を実施して、近世的支配体制の確立をはかった。

幕藩体制の成立と喜前

そして翌慶長五年（一六〇〇）の関ケ原の合戦には、進路を誤ることなく家康方につき、幕藩体制への推移を円滑に達成した。

この間喜前は慶長七年棄教し、あわせてキリスト教の教会を破却して日蓮宗に転じ、本経寺《ほんきょうじ》（日蓮宗）を建立してこれを菩提寺とした。喜前が棄教したことについては統一政権による圧力もさることながら、こともあろうに、かの遣欧使節の一人で従兄弟にあたる千々石清左衛門ミゲルが喜前に、キリシタンは日本の国を奪う目的をもって、まず宣教師を入国させ教化活動をさせているものだと述べ、キリスト教からの離脱を進言したという。

これにたいして喜前は、その言の実否を糺《ただ》すため、ひそかに嬉野半右衛門《うれしのはんうえもん》をルソン国に遣わしてさぐらせたところ、疑いなき事実であった。一五六五年（永禄八年）にカトリック国のイスパニアが、フィリピンを征服した事実を把えたものである。これを知った喜前は、布教が日本征服の前提であると確信して、ついに棄教を決意するにいたったと『大村家覚書付録』は記しているが、これは信憑《しんぴょう》性《せい》の高い記事であると思われる。

さらにその後慶長十二年（一六〇七）、大村氏では「御一門払《ごいちもんばらい》」、ないし「御親類追放」と称される政策を断行した。これは大村氏の有力一族の知行を半減、ないし追放することを敢行して、大村氏の近世大名としての権力の確立をはかったものである。これには幕府の内諾のもと、喜前が嫡子純頼《すみより》の発案によって行ったものらしい（藤野保氏『幕藩体制史の研究』）。

こうして発展を進めていた大村氏は、元和二年八月喜前が急死したことによって衝撃を受けることとなる。『大村家秘録』によれば、それは毒殺されたものであるという。

同書によると、宣教師らは喜前がキリスト教を制禁したことを憎み、慶長十三年（一六〇八）三月博多で会合し、喜前がこのまま生存し続けては我々の仕事が露見し、日本在住も困難である。ゆえにキリシタンの大敵喜前を、毒薬をもって殺害するにしくはないとして、里庵《りあん》という者に詳しくいい含めて長崎に赴かせた。彼は同年四月長崎に到り、謀計をめぐらし、多年を経た。

そのうち禁制はいっそう厳しくなった。彼はこれによってますます喜前を憎み、その毒害の機をうかがううち、朝長ミゲルという者がなおキリシタンを深く信じていることを知った。そこで里庵はミゲルを籠絡《ろうらく》し、ひそかに彼を使って喜前に近づかせ毒を盛らせた。こうして喜前は毒殺された。この時喜前の相伴《しようばん》二名の者もともに落命したという。

いっぽう『大村家譜』は、すでに慶長十九年（一六一四）以前に喜前は病に罹《かか》り嫡子純頼《すみより》が政務を代わっていたとし、慶長十九年における玖島城の改修も純頼の事績であるように説いている。しかし喜前の毒害による死は蓋然性《がいぜんせい》に富むことのように思われる。

喜前の後を嗣いだのは純頼である。しかしその純頼もまた、相続三年後の元和《げんな》五年（一六一九）十一月、二八歳で玖島城で急死した。相つぐ藩主の卒去の悲劇に加え、大村藩では危うく末期《まつご》養子の禁に触れて、断絶の危機に直面した。しかし家老大村彦右衛門純勝らの画策で、かろうじて存続を認められ、事なきを得た。以後大村藩は、二万七九〇〇石の知行高を持ち続けて幕末を迎えた。

〈付録1〉

大村氏の出自と発展

疑問に満ちた「藤原純友孫直澄」説

大村氏の出自について、『大村家譜』『大村家覚書』『大村家記』『藤原姓《ふじわらせい》大村《おおむら》氏世系譜』『郷村記』など、江戸時代にいたって大村藩関係者の手によって著された諸書はすべて、一〇世紀中期東の平将門とともに承平・天慶の乱をおこして鎮定された「藤原純友《すみとも》の孫直澄《なおずみ》」という者をもって開祖としている。

直澄が正暦五年（九九四）、伊予国大洲《おおず》から肥前国彼杵《そのぎ》郡大村郷の地に入部し、以後この地に土着したとする。この点について、『大村家譜』巻三はもっとも詳細であって、大要つぎのように記している。

　藤原直澄は伊予大洲の人である。父長門介諸純《ながとのすけもろずみ》は純友の二男である。純友は承平二年（九三二）に謀叛をおこしたが、諸純《もろずみ》もこの乱に加わり、伊予風早《かざはや》の地で天慶五年（九四二）六月討死した。純友もまた同六年四月、阿波鳴門で入水自殺したが、この時直澄はわずか四歳にすぎなかった。そこでその従者らが直澄を擁し、四〇余年の間山中に潜居《せんきょ》したが、これを諸純の子と知る者はなかった。

やがて永延二年(九八八)、朝廷は純友の霊を祀《まつ》ろうとして神社を創建した。それとともに詔《みことのり》を発し、その一族子孫にたいし、勅勘《ちよくかん》を蒙る者を赦《ゆる》すことを明らかにした。これによって赦された直澄は、従五位下に叙し、遠江権守《ごんのかみ》に任ぜられ、肥前国のうち、藤津《ふじつ》・彼杵《そのぎ》・高来《たかき》の三郡を賜わった。

直澄は正暦五年(九九四)、伊予大洲を解纜《かいらん》し、肥前彼杵郡の大村(郷)に下向した。このさい「家士《かし》」の朝長・富永・久門《ひさかど》・河野・小船串《こふなぐし》・馬場・堀池らの七氏がこれに従った。そしていったん彼杵郡大串浦の母衣崎《ほろざき》という所に停泊した。この時、大串村の「里長《さとおさ》」椎野《しいの》氏以下、隣郷の「民長《たみおさ》」らが集まって、直澄の着郡を賀した。大串村の「里長」らは直澄一行を導いて、同年十月八日大村(郷)久原《くばら》の寺島に着いた。そこで久原村の乙名《おとな》の真崎・喜多・梶屋・畠中・石丸氏ら五名が寺島に来て、直澄に拝謁をとげた。

その後直澄は、岸を登って畠中家に入ったが、ここでさらに地下人《じげにん》、および尾上《おのえ》・草場・田平・六田・松山の五カ所の「乙名《おとな》」が、前後して同所に拝謁のために来た。そこで直澄は酒宴を設けてこれを労い、即日久原城に入った。これより以後、大村氏は歴代大村館に住み、戦乱のさいは久原城に拠った。そして大村をもって氏とした。

というものである。『郷村記』では、寺島の上陸地点として「夫婦石」というものを記し、さらに上陸後立ち寄ったところとして、真崎家のほか、下久原の「百姓勘四郎」「百姓根岸主馬《しゅま》家来勝蔵《かつぞう》」両人の屋敷をあげ、それぞれの屋敷に、直澄が腰を下した「御成石《おなりいし》」、および「腰懸石《こしかけいし》」があるとしている。

さらに『郷村記』は寛永十七年（一六四〇）、ときの藩士大村純信が、「領内総社《そうしや》大村家祖神」として、藤原鎌足のほか、天児屋根命《あめのこやねのみこと》ら四神を祀る春日神社を勧請《かんじよう》したとしている。大村家では、開祖を「藤原純友の孫直澄」とするところから、その遠祖を藤原鎌足として、これを祀ることとしたもので、これは今日なお、大村市内に鎮座している。

そこで、この『大村家譜』その他にみえる大村氏の出自、その他に関する記事を吟味してみなければならない。

まず藤原純友の二男に、はたして諸純なる者が居り、そしてその子に直澄という者が実在したのかというもっとも重要な点について、今日もっとも信頼すべき系図である『尊卑分脈』をみると、直澄はおろか、諸純《もろずみ》という人物についても、まったく記されていない。純友の長男は有信《ありのぶ》、肝腎の二男は紀年《のりとし》、そして三男が伊王丸《いおうまる》という者となっている。『日本紀略《にほんきりやく》』天慶四年（九四一）七月七日条によると、純友とともに首を挙げられたのは重太丸《しげたまる》であって諸純とは記されていない。

『今昔物語集』もまたほぼ同様のことを記している。したがって、『大村家譜』その他、江戸時代の諸書が記すような「純友の二男諸純」、およびその子「直澄」が実在した証拠は存在しない。

「藤原純友の孫直澄」が確認されない以上、「直澄」の大村（郷）入部、その他の記事もほとんど虚構である。一歩退いて、かりに直澄の実在を認めたとしても、彼をめぐる『大村家譜』その他の記事は、あまりにも疑義に満ちている。

まず永延二年（九八八）、朝廷が純友の霊を祀るため神社を創建したとすること自体は、その怨霊を鎮める目的からあり得ることで、将門《まさかど》にたいする例からしても十分理解することができる。しかし、勅勘を赦された直澄が、肥前の藤津・彼杵・高来三郡を朝廷から賜わってこれを領するにいたったとする点は、とうてい理解できない。純友追討に功のあった伊予国警固使《けごし》橘遠保《たちばなのとうやす》においても、伊予国宇和郡内にわずかの功田《こうでん》を得たに止まったことが、鎌倉時代の記録である『吾妻鏡《あずまかがみ》』嘉禎《かてい》二年（一二三六）二月項にみえるにすぎない。勅勘を赦された純友の孫にあたる者が、従五位下に叙し、遠江権守に任ぜられたことに伴って位田・職田の類を、遠く離れた肥前の右の三郡中に与えられることがあり得るとはとうてい考えられない。

いっぽう、このころから漸次「職《しき》」の給与が行われ出してくる。しかしそれにしても、朝廷が直澄なる者にたいし、これら三郡を一括給与することはまったく考えられない。まして朝廷が彼を、これら三郡の郡司《ぐんじ》等に任ずることも、当時のありかたとして考えられぬことである。

つぎに直澄が伊予大洲を解纜《かいらん》して、肥前国彼杵郡の大村（郷）に入部したというが、これを真に受ければ、直澄一行は、下関海峡を経、玄海灘の荒波を超え、大村湾の入口の伊《い》ノ浦瀬戸《うらせと》を湾内に入って来たことになるわけで、まことにロマンチックな話である。寺島に上陸した直澄を、真崎氏以下の「乙名《おとな》」が出迎え拝謁したというのも近世的表現であり、しかも直澄が入るべき久原《くばら》城というものが、当時の「大村」の地から離れた久原の地にすでに用意されていたかのように記すのも不審である。またこの間、畠中某の屋敷に立ち寄った直澄が、同所で「乙名」らを集めて酒宴を開いたとするのも、いかにもできすぎた話である。

以上のようにかりに直澄の実在を認めたとしても、その大村（郷）への入部をめぐる記事は信頼性に乏しく、近世的感覚によって創作された物語である可能性が強い。

なおまた、近世大村藩の家臣の各系譜を集成した『新撰士系録《しんせんしけいろく》』によると、さきに述べたように、『大村家譜』以下の諸書が、朝長氏以下七名の者が直澄に従って大村に入部したとする記事を受けて、同様のことを記している。

ところがそのうちの一つ朝長氏についてみると、直澄に従って入部した人物についてはもちろん、その後、鎌倉・室町初期にいたるまでまったく人名を記さず、「歴代不詳」としている。そして応永年間（一三九四―一四二八）にいたってはじめて朝長右衛門太夫純次《すみつぐ》という者を挙げ、以後の系譜を記しているにすぎない。純次以前が不詳でありながら、どうして初期の者が直澄に従って大村（郷）に入部したことのみがわかるというのであろうか。他の六氏の系譜も、ほぼこれと似たことが記されているにすぎない。

大村氏以外にも、その出自を藤原純友に置く在地領主が、九州に二家ある。肥前高来郡の有馬氏と、薩摩《さつま》の長谷場《はせば》氏がそれである。しかしこの両氏もまた、純友の子孫であるとはほとんど考えられない。有馬氏は、高来郡有間《ありま》荘を本貫とする在地領主と思われる。また長谷場氏は、鹿児島郡司矢上《やがみ》氏の一族で、在地領主であろうというのが、五味克夫氏の見解である。

かれらも、のち先祖を藤原純友の子、または孫直澄（直純）を各々の開祖とする系譜・系図を作成している。有馬氏については、直澄の後の経澄《つねずみ》という者が、高来郡口ノ津（長崎県南高来郡口之津町）大屋宮崎鼻に着船上陸し、現地の関屋甚五郎という者の出迎え接待を受けたという説話が残されている。大村氏の場合も、結局はこれらと同類のものにすぎない。

大村氏祖は平直澄

そこでつぎに、『長秋記』『中右記《ちゆうゆうき》』『百錬抄』などをみると、一二世紀初頭、肥前国藤津荘司《しようじ》平清澄《きよずみ》の子息に平直澄という人物がみえる。藤津郡が一括して藤津荘となったものであるが、直澄の父清澄は、その荘官をつとめていたのである。藤津荘は現在の佐賀県鹿島市を中心とする一帯に広く展開していた。

藤津荘の領主は、鳥羽上皇の近臣寛助《かんじよ》という者であった。『長秋記』元永二年（一一一九）十二月二十七日条によると、藤津荘司平清澄はこれよりさき、何らかの理由で領主寛助から勘当され、荘官職を改易されたうえ、身柄を京都に拉致《らち》された。そして、僧範誉《はんよ》という者が、清澄の替りに新しく荘官に任ぜられ、藤津荘に派遣されて来た。そして清澄の子直澄をも苛責《かしゃく》したが、直澄は最初あえてこれに抵抗しなかった。

そのうち直澄は、京都にあった父のため、食料米を運上しようとした。ところが範誉は、数回にわたってこれを途中で差し押さえた。これを恨んだ直澄は、範誉とその妻、従類を捕らえて島に閉じ込め、食を与えず、範誉の郎従五、六人の首を斬った。

この斬首の一件から、直澄は平正盛の追討を受けることとなった。直澄は正盛の手の者に首を討たれ、首は京都にもたらされて河原に晒《さら》された。また直澄の妻の父である紀権守《きごんのかみ》や、直澄をかくまった源常弘《つねひろ》らも捕らえられ、身柄を京都に護送された。

右にみえる平直澄こそ、大村氏の先祖であろう。その第一の理由は、さきに述べた『大村家譜』その他にみえる直澄という者は、何らかの歴史を反映したものと思われるが、この点、右に示す平直澄と何よりも名乗りにおいて一致している。そしてその後裔とみられる鎌倉時代嘉元四年（一三〇六）四月十六日付大村家直書下《いえなおかきくだし》に、彼は「平家直《いえなお》」と記し（「青方文書《あおかた》」）、平姓である。また戦国初期の大村純伊《すみこれ》もまた「平朝臣《あそん》」と記されており、平直澄と姓においても一致している。

第二に、『大村家譜』以下にみえる藤原純友追討の記事は、おそらく平直澄追討の歴史的事実を反映したものとみられる。

第三に、平清澄およびその子直澄の藤津荘在住は、後に述べるように、鎌倉時代の大村氏が、藤津荘を基盤としていた事実と、地域においても一致する。

近世大名となった大村氏は、その家譜・系図を作成するにさいし、先祖の直澄が、平正盛の追討を受けて斬首されたことを深く恥とした。そこでこの事実を覆い隠すため、朝廷から同様に追討され処断された人物として、すでに史上著名な藤原純友に直澄をすり替え、これに仮託《かたく》して、強引に系譜・系図を創作したものではなかろうか。このさい、たまたま直澄と純友とが同音であったことが、付会《ふかい》する場合のヒントとなったものと思われる。さらに、さきにみた純友追討に功のあった橘遠保の末孫で、近世大村藩の家臣となっていた渋江氏の存在は注目すべきで、同氏の先祖の事績が考慮に入れられたことも十分に考えられる。

なおこの「藤原純友の孫直澄」を先祖とする系譜・系図は、江戸幕府が寛永十八年（一六四一）に、大名・旗本諸家の系図である『寛永諸家系図伝』の編纂《へんさん》に着手したさい、大村氏もまたこれに応じて資料の提出を求められたと思われる。このころ、大村氏でこのような系譜・系図を作成したものではあるまいか。

『郷村記』によれば、純友の始祖藤原鎌足を祀る春日神社を寛永十七年（一六四〇）、時の藩主大村純信《すみのぶ》が勧請している。とすれば、大村家では、江戸幕府に大名家の系図を編纂しようとする動きのあることを察知して、いち早く寛永十七年「藤原純友の孫直澄」を開祖とする虚構を生み出したものと思う。逆にいえば、これ以前には直澄開祖説は存在しなかったのである。

藤津大村と彼杵大村

それでは大村氏の祖平直澄、およびその父清澄以前の大村氏は、どのようなものであろうか。一〇世紀前半に著された『倭名抄《わみょうしょう》』は、肥前国彼杵郡に大村郷を記している。これについて『太宰管内志《だざいかんないし》』は、「名義は大村ノ直《あたえ》の住めりし処なるべし」としている。『新撰姓氏録』にみえる大村直の本貫が、はたして彼杵郡の大村郷といえるのかは速断できない。『郷村記』などによると、大村とは古く郡村、すなわちのち玖島城を中心とする大村の城下町よりむしろ北部の、今日の大村市の竹松・福重・松原の三地区を指すものであったのである。

ところがいっぽう、藤津郡内にも大村の地があった。『今昔物語集』『古事談』『本朝語録』等によると、一〇世紀醍醐《だいご》天皇のころ、寛蓮《かんれん》という僧侶がいた。俗名は橘良利《たちばなのよしとし》といい、肥前掾《じょう》をつとめたが、これが「肥前国藤津郡大村ノ人」であったという。これについて『太宰管内志』は、この大村を彼杵郡の大村（郷）と誤ったものだとしているが、これは誤解である。今日かつての藤津郡、そしてその後の藤津荘の地に相当する佐賀県鹿島市古枝《ふるえだ》に、「大村方《おおむらがた》」という小字《こあざ》があり、かつての大村の地であることをうかがわせている。

とすれば、大村の地が彼杵郡と藤津郡の双方にあったことになる。したがって大村直の本拠が、あながち彼杵郡の大村とばかりはいえず、むしろさきに述べた平直澄、あるいは後に述べる鎌倉・室町時代の大村氏のありかたからすれば、藤津郡の大村であった可能性もある。

『三代実録』貞観八年（八六六）七月十六日条に肥前国藤津郡郡領葛津《くずつ》貞津《さだつ》・彼杵郡永岡藤津《ながおかのふじつ》らの者がみえるが、憶測をたくましくすれば、古く彼杵郡から藤津郡にかけて大村氏を首長とする部落国家があったのかもしれない。その後裔が大村直とされ、ついで右にみた藤津郡郡領葛津貞津となり、ついで平直澄へと系譜がつながるのかもしれない。

鎌倉期の大村氏

大村氏は、直澄追討以後も滅亡することなく存続し、平家全盛時代はその下に服従を余儀なくされていたものと思われる。そして平家滅亡の後、鎌倉幕府が成立すると、大村氏はその本領を安堵《あんど》されて地頭・御家人となったものとみられる。要するに鎌倉時代の大村氏は、地頭領主であったということができる。

鎌倉幕府が大村氏にたいして安堵した所領がどこであるのか等々の点について、『大村家譜』その他、大村氏関係の史料・諸書にはまったくみえない。これらの諸書によると、天文二十二年（一五五三、あるいは天文三年ともいう）九月四日、大村館《おおむらやかた》の火災によって相伝文書などが焼失したという。しかし大村氏と交渉を有したはずの周囲の諸領主、寺社にも、これら大村氏関係の系図・諸書に記された人物の発給した文書はいっこうに認められない。

このように、江戸時代の大村藩関係の諸書・系図に記されたものが、彼らが活躍したはずの中世においてまったく認められないということから考えると、特に相伝文書が火災で焼失したというわけでもなかったらしい。むしろ逆に系譜・系図を裏付ける文書がないことを、火災によって焼失したとして弁解したとさえ思われる。

その反面、江戸時代の大村藩関係者の手になる系譜・系図とは別系統の系図が現存する。巻末に示す大村氏系図Ｂ・Ｃがそれである。そしてこれらの系図に記される人物で、大村藩関係者の手になる系図Ａにみられない人物が、かえって現実に史料的裏付けが得られるものが多く、その信頼性が強い。このうちもっとも古く認められるものは、「東妙寺文書」年月日欠蒙古合戦恩賞配分状に認められる「藤津庄大村又二郎家信《いえのぶ》」という人物である。弘安四年（一二八一）の第二回目の元寇にさいして出陣し、勲功のあった大村又二郎家信にたいして、おそらくは正応二年（一二八九）の時点で、幕府が肥前国神崎荘内に田地（地頭職）および屋敷地を給与したことを示すものである。

ついでみえるのは大村太郎家直《いえなお》である。彼は鎌倉末・南北朝初期の人物で、大村氏系図Ｂ・Ｃに、さきの家信《いえのぶ》の子としてみえる。平姓であり（「青方文書」）、しかも、「彼杵大村太郎」として建武元年十月当時記されている（「深堀文書」）。このことから家信・家直父子がさきの平直澄の末孫であり、しかも家信当時は藤津荘と深く関わっていたものが、いっぽう家直は彼杵荘と関わっていたらしいことがわかる。

室町期の大村氏

室町時代の大村氏は、国人《こくじん》領主というべきものであった。南北朝初期の建武三年（一三三六）三月十二日、足利尊氏《あしかがたかうじ》から大村四郎に宛てた御教書が「大村家文書」に認められる。内容は、新田義貞《にったよしさだ》追討のため出陣を命じたものである。宛先に記された大村四郎の名乗りは誰であるか不明である。大村氏の支族の一つであると思われ、同氏の一族が、各地に割拠していたことを示すものであろう。

なお南北朝期に、肥前彼杵荘の在地領主が「彼杵一揆」を結成し（「深堀文書」）、北朝方の軍事力として活動していたことが知られる。この加盟者は、大村湾周辺の早岐《はいき》・針尾《はりお》・川棚・波佐見《はさみ》・彼杵・時津・浦上・大浦・長崎・樒村《しきみ》などの出身者である。すなわち、年未詳であるが、早岐伊豆守源義《よし》実《ざね》・針尾勘解由《かげゆ》太夫藤原家盛・川棚源三郎盛貞・波佐見修理亮《しゆりのすけ》橘泰平・彼杵弥土与丸《やとよまる》・時津六郎丹治《たじひ》重清《しげきよ》・浦上沙弥《しやみ》浄賢《じようけん》・大浦丹治俊家・長崎矢上八郎平重純《しげずみ》・深堀太郎左衛門尉時勝《ときかつ》らの者がみえる。これらを合計すると七二名の多数にのぼる（『大村家記』）。年未詳であるが、ある時期深堀時清《ときよ》が一揆頭であったことがわかる（『北肥戦誌』）。

「深堀文書」によると、この一揆は、少なくとも一四世紀中期から一五世紀初頭にいたる六〇年間存在していた。ところが彼杵一揆に、大村氏が加盟している証拠が認められない。しかしこのことは、当時大村氏が彼杵荘内の大村に存在していなかったことを示すものではないであろう。この一揆は、彼杵荘内の深堀氏以下の北朝方の在地領主が、南朝方の大村氏を意識して、直接的にはむしろ大村氏への対抗勢力として組織されたものと思われる。それゆえ、後年の大村氏は、彼杵郡内における権力の拡充・発展において、これら彼杵一揆に結集された反大村勢力の組織を解体し、家臣化することなしには領国形成は達成されなかったのである。

さて、さきにみた家直《いえなお》の後は、「正慶乱離志裏文書」によると純世《すみよ》と、その子純童丸《すみどうまる》がみえる。純童丸というのは、純実《すみざね》の幼名である（大村氏系図B）。

またわが文明三年（一四七一）、朝鮮の申叔舟《しんしゆくしゆう》の著した『海東諸国紀』によると、丁亥《ていがい》年（応仁元年・一四六七）、「肥前州太《（ママ）》村太守源重俊《しげとし》」が朝鮮に遣使したとしている。平姓とせず源姓としている点はいささか疑問であるが、これは偽わったこともあり得る。大村氏系図Bには重俊が記され、これと一致する。大村氏の対鮮通交を裏づけるものである点については、さきに述べたとおりである。

それでは大村氏は、さきの家直以後、室町・戦国初期彼杵荘に本拠を持ち続けたのであろうか。ところがこの点、必ずしもそのようにばかりはみえない。

「橘中村文書」によると、大村氏系図Bに、さきの重俊の子としてみえる家徳《いえのり》、およびその弟（同C系図では子としてみえる）家親《いえちか》がみえ、依然として藤津郡（当時すでに荘園としての機能は喪失していたと思われる）に本拠を置いていたらしい様子がわかる。『歴代鎮西志』文正元年（一四六六）頃が、

　肥前国大村家徳《いえのり》、在尾《ありお》城を築く

とするのもこれと符号するもので、大村氏が当時、古枝の大村方の地から西方の在尾城に移ったとはいえ、依然として藤津郡内にあったことを示している。さらに『北肥戦誌』その他、江戸時代の著作ではあるが、比較的信頼性の高い記録は、戦国期以前の大村氏が、彼杵郡ではなく、やはり藤津郡で

活躍したことを述べている。

戦国初期の大村氏

『北肥戦誌』によると、戦国初期の文明二年、大村家徳は有馬貴純《ありまたかずみ》に敗れ、上松浦の草野《くさの》に逃れこの地で卒去した。

ついで文明八年（一四七六）二月、千葉胤朝《ちばたねとも》が藤津郡に侵入し、大村日向守家親《いえちか》と交戦した。家親は在尾城を逃れて内田城（佐賀県武雄市か）に入った。このため胤朝は大村氏の所領を奪い、この跡を自らの家臣に給与した。これもまた当時、大村氏が藤津郡にあったことを物語っている。

右にみるように、藤津郡にあった大村氏は、小城《おぎ》を本拠とする千葉氏、および高来郡に本拠を置く有馬氏がそれぞれ藤津郡に進出しようとしたため、この両氏から挟撃を受けることになったらしい。

ついで同じく『北肥戦誌』によると、大村純治はその後千葉・後藤両氏のために本領を追われ、他郡を徘徊《はいかい》していた。純治は長島荘の渋江《しぶえ》公勢《きんせい》に加勢を頼み、有馬氏と連合して隈口《くまぐち》の合戦で千葉勢を切り崩し、永正四年（一五〇七）二月、ようやく藤津郡の本拠に帰った。

かねて大内義興《よしおき》の下に寄寓していた足利義尹《あしかがよしただ》は、永正五年（一五〇八）五月義興の支援を得て帰洛することとなった。このため義興をはじめ、九州の諸領主の多くはこれに従って上洛した。この時「彼杵の大村日向守純治《すみはる》」もまた上洛したと『北肥戦誌』は記している。

その後『歴代鎮西要略』『歴代鎮西志』によると、永正十一年有馬義貞《よしさだ》（尚鑑《なおみ》の誤りか）は、諫早の西郷氏を率いて大村の地に大村禅賢《ぜんけん》を攻撃した。大村禅賢は敗れ、有馬氏に和を請うて大村の地を退去した。そこで有馬氏は藤津郡に赴いて千葉氏を討った。よって大村、西郷両氏は協力してこれに従ったとしている。

降って永禄十三年（一五七〇）、『歴代鎮西要略』は、このころ大村純忠が彼杵郡をかすめ領すとしているが、逆にこれ以前の大村氏は、彼杵郡でそれほど広く支配を展開していなかったことを示すものであろう。

大村氏系図A・B・Cをみると、字に純《すみ》・家《いえ》・俊《とし》等のものが混り合っていることに気がつく。このことは、大村氏一族が藤津・彼杵両郡に広く分布して、それぞれ独立に近い多くの支族に分かれていたことを示すもので、そのうちおそらく藤津郡の支族のあるものが滅亡したため、後になって系譜を一つにまとめたものではないかとも思われる。

藤津郡に在住したとされる当時の大村氏が、彼杵郡の大村と無縁であり、また彼杵郡に在住したとされる大村氏が逆に藤津郡と無縁であったとは考えられない。

けっきょく大村氏は、古代の大村直の出身が、藤津郡か彼杵郡のいずれの地にあるのかは不明であるとしても、鎌倉・室町時代にあってはこの両郡に広く一族が割拠していた。ところが戦国時代の永正年間にいたって、ようやく藤津郡にたいし、有馬氏の勢威が浸透してきたため、比較的競合の少ない彼杵郡に一族が集中し、この地で発展するようになったものと思われる。

『大村家譜』その他の記事が、純治《すみはる》以後詳細になっていること、特に純治が好武《よしたけ》城を築き、純伊《すみこれ》が今富《いまとみ》城を築いたとしていること、また特に『郷村記』の純治が延命寺（大村市三の郷）に葬られたとする記事は、非軍事的記事であるだけに彼の大村との関りを示す信頼性のあるものとして注目される。さらに最近三城跡（大村市武部郷）から純伊の墓碑とみられるものが出土したことも、いっそうこれを補強するものといえよう。

これ以後、大村氏は彼杵郡大村を中心に戦国大名としての発展を進めた。純伊の後は、長子良純《よしずみ》を避けて次子純前《すみさき》が嗣いだ。大村氏関係史料は、良純が多病であったため家督とならなかったとしている。しかしこれは公式表現で、純前が異母兄の良純と異なり、有馬貴純《たかずみ》（あるいは尚鑑《なおみ》か）の女《むすめ》を母としていたことから相続することになったものであろう。大村氏の安定は、有馬氏との関係を抜きにしては得られなかったのである。

純伊文明六年敗戦説は虚構

近世の大村藩関係者の手になる『大村家譜』『大村家覚書』『郷村記』などは、ともに文明六年（一四七四）十二月下旬、大村純伊《すみこれ》が有馬貴純《たかずみ》軍の攻撃を受けて敗れ、加々良《かから》島に逃れたことを記している。

これらの書によれば、純伊は中岳原《なかだけはら》で有馬貴純の軍を迎撃したが、敵に内通した姉婿の鈴田道意がとつぜん味方の先陣長岡越前守の軍を攻めたため、大村軍は潰滅状態に陥った。そのため純伊は大村を逃れたばかりでなく、領国をすてて遠く松浦郡の佐々村《さざ》（長崎県北松浦郡佐々町）に潜伏し、ついで玄海の加々良島（佐賀県東松浦郡鎮西町・加唐島）に渡り、そこで二年間をすごした。

この間、純伊は大村の奪回を祈願するため、伊勢参宮に赴いた。その途次肥前長島の領主渋江公勢《しぶえきんせい》と会い、同情した公勢から大村奪回の約束をとりつけた。そして文明十二年（一四八〇）八月中旬、公勢の支援の下、彼杵郡の島田（長崎県東彼杵郡東彼杵町）に上陸し、有馬軍を撃退し、同氏の制圧下にあった大村を六年近い歳月ののち、ついに奪回に成功したとしている。

今日、純伊の大村奪回成功を祝して始められたとする民間芸能である寿古踊《すこおどり》・沖田踊《おきたおどり》・黒丸踊《くろまるおどり》があり、また純伊が上陸したとされる彼杵の地には記念碑までも建てられている。従来この記述は、ほとんど鵜呑みに信じられてきたのである。

ところがいっぽう、同じく大村藩関係者の手になる『大村記』は、大村純伊の対戦相手は有馬貴純ではなく、その嫡子の尚鑑《なおみ》であるとしている。さらに鈴田道意は謀叛をせず、ともに奮戦したとされている。さらにその敗戦・奪回の年代をともに記しておらず、ただ某年九月十五日に奪回に成功したとされている。

さらに渋江《しぶえ》家に伝来したとみられる『橘姓渋江氏由来』によると、大村氏の敗戦自体には触れていないが、伊勢参宮途次の大村純伊と渋江公勢の会見の年時を特に記し、それが永正《えいしょう》元年（一五〇四）のことであったとしている。また両者を引き合わせたのが、『大村家覚書』などでは中村日向守公秋《きみあき》であったとするのにたいし、ここでは中村日向守公景《きみかげ》であったとして、やや相違している。そして大村奪回の時期も、文明十二年ではなく、永正四年（一五〇七）とされている。

ところがすでに述べたように『北肥戦誌』によれば、大村純伊の父純治《すみはる》が、千葉・後藤両氏に追われて他郡を徘徊していたが、渋江公勢の支援を得て、有馬氏と連合して千葉勢を破り、永正四年（一五〇七）二月に藤津郡の本拠に帰ったとある。渋江公勢の援で永正四年本領を奪回したとする点、『橘姓渋江氏由来』と酷似している。

そこで改めてさきに挙げた『北肥戦誌』の記事をふりかえると、文明二年（一四七〇）に大村家徳《いえのり》が有馬貴純に追われて草野で死去したこと、文明九年（一四七七）に大村家親《いえちか》が千葉胤朝《たねとも》に藤津郡が追われたこと、および永正四年（一五〇七）以前に大村純治《すみはる》が後藤・千葉両氏に本拠を追われたとする記事があったことが想起される。さらに『歴代鎮西要略』『歴代鎮西志』も、ともに文明八年（一四七六）二月、大村家親が千葉胤朝に藤津郡の本拠を追われたこと、また永正四年（一五〇七）以前に大村純治が千葉胤治《たねはる》・胤繁《たねしげ》父子に追われていたものが、この永正四年に本領を奪回したこと、さらに永正十一年（一五一四）に大村禅賢《ぜんけん》が有馬氏のために攻撃され、大村の地を退去した記事のみえることを述べた。

このようにみると、大村氏が他の領主に攻撃されて、本拠を追われたことは数回にのぼったらしい。それについて、(ア)『大村家譜』『大村家覚書』『郷村記』、(イ)『大村記』(ウ)『橘姓渋江氏由来』、(エ)

『北肥戦誌』、(オ)『歴代鎮西要略』『歴代鎮西志』の五種の記述のあることがわかる。

『大村家譜』には、純伊が文明六年（一四七四）中岳原合戦で大敗した時、戦死した庄左近太夫の弟に庄頼甫という者があり、兄とともに合戦に加わり、敗れてのち純伊に従って加々良島に逃れたとある。ところが『新撰士系録』によると、その庄頼甫は、後年純忠治世下にあって老臣《ろうしん》をつとめたことになっている。文明六年当時出陣したのであれば、元服後であるから少なくとも一二歳以上であったはずである。かりに一二歳であったとしても、天文十九年（一五五〇）における純忠の家督開始時にはすでに八八歳になっていたことになる。実際にはさらに年齢が上廻っていたはずである。九〇歳以上の者が、老臣として純忠に仕え、領国経営に関っていたとみることは無理であろう。

こうしたところから、純伊が文明六年（一四七四）有馬貫純に大村の地を追われたとする説は、時代的にみても完全に破綻しているといわねばならない。さらにこの時期の大村氏は、先述のようにむしろ藤津郡を主な活躍の舞台としていたのであって、それを彼杵郡の大村で敗れたとする点、地域的にもおかしい。

いったい領主が自分の家の家譜などを作成する場合、戦勝に関しては大きく誇張して記す反面、敗戦についてはこれを無視して記さないか、または過小に記すのが殆んどであろう。ところが『大村家覚書』などはこの通例と異なり、先述のように純伊の敗戦、そして旧領奪回にいたる記述は詳細をきわめている。考えてみると、これは実に変わっている。しかもこの場合、敗戦よりむしろ奪回の方が強調され、美化されている感すらある。この点、大村藩関係者以外の者の手になる右のウエオの各史料の方が大村氏関係記事について潤色がなく、かえって信頼性が高い。

永正四年（一五〇七）に大村氏が渋江公勢《きんせい》の支援で本領を奪回したとする点については、さきのウエオの互いに系統を異にする三種の史料にともに見えることや、『新撰士系録』に見える人物の活躍年代などからしても、間違いないところであろう。

したがって文明十二年（一四八〇）に純伊が本領を奪回したという説は、明らかに永正四年（一五〇七）奪回の事実を歪曲《わいきょく》したものである。しかもその対戦相手が千葉氏であるとされる以上、奪回したのは彼杵郡の大村ではなく、藤津郡の所領であろう。千葉氏の勢力が彼杵郡まで及んでいたとは考えられないからである。ただし奪回したのが純治《すみはる》か純伊《すみこれ》かは、いずれともいえない。

つぎに文明八年（一四七六）十二月、ないし同九年十二月に、千葉氏が藤津郡の大村家親《いえちか》を敗走させたという記事がエオ両系統の史料にともに見えることなどからして、事実である可能性が強い。しかも、十二月という月からして、このことがアの文明六年十二月に純伊が敗走したとする記事に投影したとみることができる。

それでは、大村氏は有馬氏から追われることはなかったのであろうか。あれほど『大村家覚書』などに詳細に有馬氏に大敗したと詳述する以上、なかったとはいえまい。この点について『歴代鎮西要略』『歴代鎮西志』が、先述のように永正十一年（一五一四）に大村禅賢が有馬義貞に敗れて、一時本拠を退去したとするのが想い起こされる。禅賢は信濃入道《しなのにゅうどう》と記され、純伊と官途名《かんとめい》が一致するから、おそらく純伊の法名であろう。また義貞は時代的にみて尚鑑《なおみ》の誤りであろうとはすでに述べた。文明六年に純伊が有馬貴純に敗れて、本領を棄てたという大村藩関係者の記事は、右の事実に基づいたものであろう。

以上のように、大村氏が数回にわたって他の領主に本拠を追われた事実を、あたかも一回であったかのように記そうとしたことから、かえって敗戦・奪回の記述を必要以上に詳細に記す必要があったのであろう。その結果、記事に種々矛盾《むじゅん》や齟齬《そご》を生ずることになったものと思われる。

源頼朝に擬せられた純伊

以上述べてきたように、純伊の文明六年中岳原合戦敗北にともなう加々良《かから》島敗走説が虚構であることが明らかになった。そこで次に、この虚構じたいについて吟味してみなければならない。

この点に関しあえて憶測すれば、この純伊敗走説は、鎌倉幕府創設以前における源頼朝の安房《あわ》国敗走の史実になぞらえたものではあるまいか。いうまでもなく頼朝は治承四年（一一八〇）八月、相模《さがみの》国《くに》の石橋山《いしばしやま》（神奈川県小田原市石橋）に挙兵したが、たちまち平家の大軍の反撃を受けて敗れ、いったん山中に潜居したが、わずかの部下を従え、体制を立直すため安房国に逃れる。そこで千葉常胤《つねたね》らの支援を得て再挙し、有利な情勢に助けられて鎌倉にとって帰し、やがてここに幕府を開くこととなる。

前述のように、数回にわたって他の領主から本拠を追われてはまた本拠に帰還した室町・戦国期の大村氏に関し、近世大村藩内の者の間で、大村純伊を頼朝になぞらえて物語をつくることが着想されたものであろう。

すなわち、頼朝が平家軍に石橋山で敗れた事実から、純伊が中岳原で有馬貴純《たかずみ》（または尚鑑《なおみ》）に敗れた記述をつくり、また頼朝が安房国に逃れたことに対応させて、加々良島に逃れたこととした。そして頼朝を支援した千葉常胤《つねたね》に照応する人物として渋江公勢を設定し、やがて頼朝が鎌倉に攻め込み、これを本拠とした事実に合わせて、純伊の大村奪回と作為した。

石橋山敗戦から鎌倉入部にいたる頼朝の苦難は、彼が幕府を開き、天下を草創する大事業を展開するに先立つそれであった。このことから純伊が中岳原合戦に敗れ、加々良島に潜居したのは、大村氏が近世大村藩を確立するに先立って味わうべき、避けがたい苦難であったと説こうとしたものである。つまり純伊の敗走は、来るべき大村氏の発展を前提とした、一階梯であるとして位置づけたのである。それによって、数回にのぼる大村氏の敗走の事実もまた、大村藩関係者にはさして屈辱的なものとは映らず、その悲劇性も薄れたものとなると考えたものであろう。

この頼朝が石橋山で敗れて安房国に逃れ、やがて鎌倉に攻め込んだ事実は、『吾妻鏡《あずまかがみ》』をはじめとして、このほか『平家物語』『源平盛衰記』『曾我物語《そがものがたり》』『謡曲《ようきょく》』などにも広く記されている。大村藩関係者が、これらの諸書のいずれかによって純伊の敗走記を創作したものと思われるが、このうちもっとも可能性の強いのは『平家物語』であろう。

江戸時代、『平家物語』が人口に膾炙《かいしゃ》したことはいうまでもなく、とくに大村家には覚一別本《かくいちべつぼん》の貴重な『平家物語』も蔵せられていたことは有名である。おそらく『平家物語』の頼朝敗走記事を読んだ大村藩内の者の手によって、これを参考にしつつ、右の純伊敗走の「物語」が構想され、成立したものであろう。

本来平姓の大村氏が、純伊を源頼朝に見立てて「物語」を創作したのはやや異常ともいえる。したがってこの「物語」は、江戸初期の寛永十七年ごろ大村藩で、大村氏の先祖を平姓でなく、「藤原純友の孫直澄」とする系譜を作成した頃か、あるいはこの少し後の段階で成立したものであろう。

さきに述べたように、大村には直澄上陸地と称される個所に「夫婦石《めおといし》」があることを初めとして、この他、「腰掛石《こしかけいし》」「御成石《おなりいし》」があり、純友の遠祖藤原鎌足《かまたり》を祀る春日神社が勧請《かんじょう》されている。さらに中岳原合戦地とされるところには、純伊に従って合戦して戦死したとされる長岡越前・庄左近太夫の墓とされるものもある。これらは、先述のような虚構が成立した江戸初期寛永年間に、これに対応すべく、藩主大村純信の指導の下に大がかりに設定された〝舞台装置〟であったのである。また寿古踊以下の浮立《ふりゅう》もこれと結びつけるなどの作為をほどこしたものであろう。

以上のようにみてくると、純忠を生んだ大村の地は、きわめて豊かな歴史と文学、そして民俗の故郷《ふるさと》であったということになる。

〈付録2〉

大村純忠の発給文書

今日、純忠の発給文書はきわめてわずかしか残っていない。純忠の発給文書に限らず、「大村家文書」じたいが少なく、とりわけ近世以前のそれは殊に残存するものが少ない。この点について『大村家譜』『大村家覚書』などは、天文二十二年（一五五三）九月四日未ノ刻（いっぽう『大村記』は天文三年九月四日未ノ刻として相違する）に大村館が出火し、この時大村家相伝の文書・記録の大半が焼失したとしている。あるいはこれによるのかもしれない。

仮にこのことを認めたとしても、純忠の治世開始間もなくのことであり、純忠の発給文書にはそれほど影響はないはずである。今日伝来する純忠の発給文書は、書状・所領預置《あずけおき》状・起請文《きしょうもん》・感状の四種である。いま説明を加えよう。

㈠ 書状

自筆《じきひつ》書状と書状に分けられる。自筆書状はすべて大村家に伝来したいわゆる「大村家文書」で、発給文書中の白眉といえる。今日大村市立史料館に寄託されている。いずれも無年号文書で、宛先は「せうりん」と記されたものが一通で、他は記されていない。「せうりん」宛のは次のようなものであ

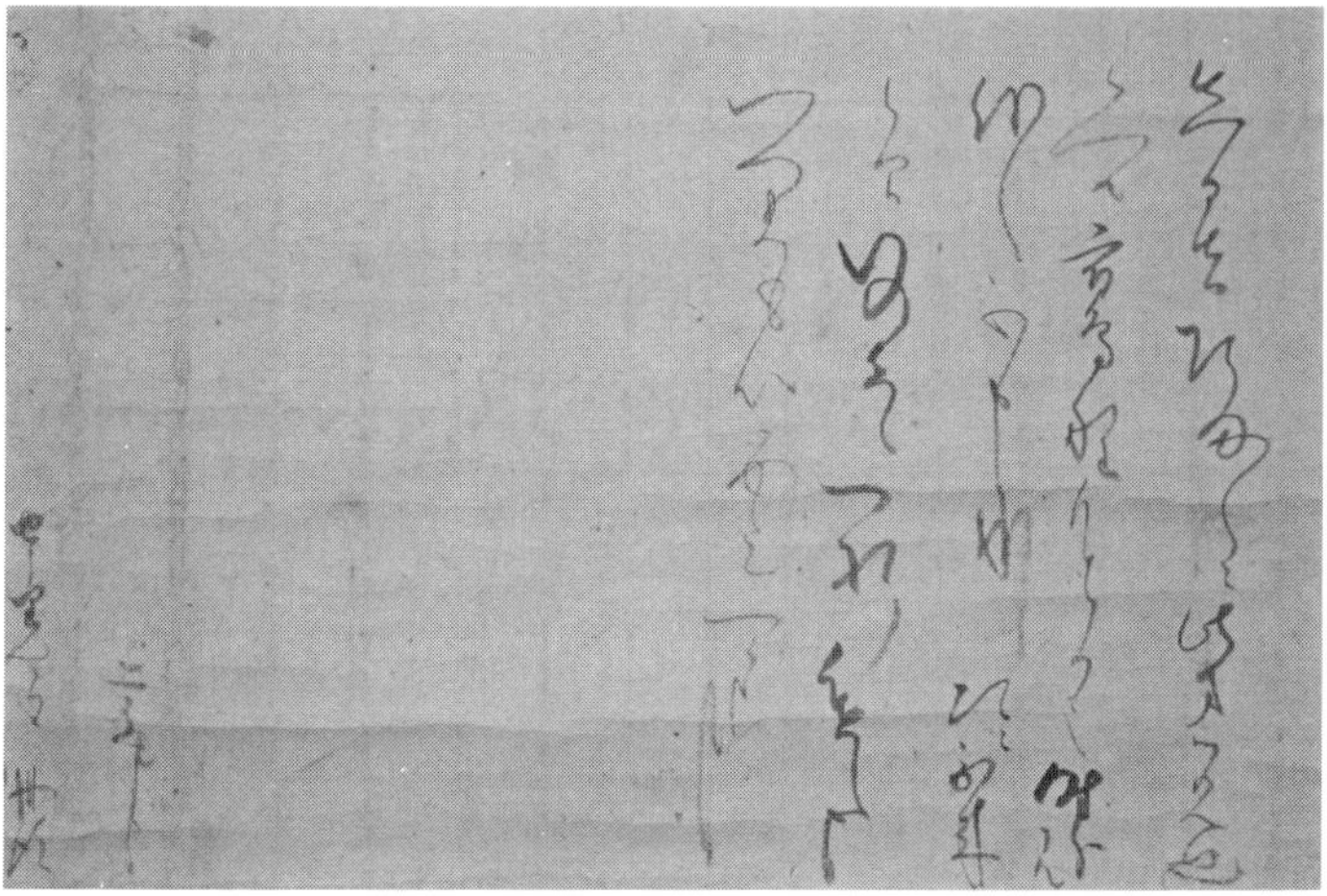

大村純忠自筆書状１（大村市歴史資料館蔵）

る。

先日者《は》たまたまニ此方御見廻《おみまい》
候へ共鷹野《たかの》もとり之時分にて
細々不二申承一候、次ニ到来
候い(猪)の志々一折進し申候、
いつ連《れ》も以二面上一《めんじようをもつて》可レ申候、
かしく
二ノ丸より
丹後
せうりん申給へ《まいる》

他の一通をあげると、

ひき一ツニ成事候、
越伊《えつい》も其辺にて候らん、
大かくあき今道《いまみち》など御《お》よひ候て、存分
御聞候へく候、
莵角《とかく》我々ハ分別《ふんべつ》申さす候〳〵

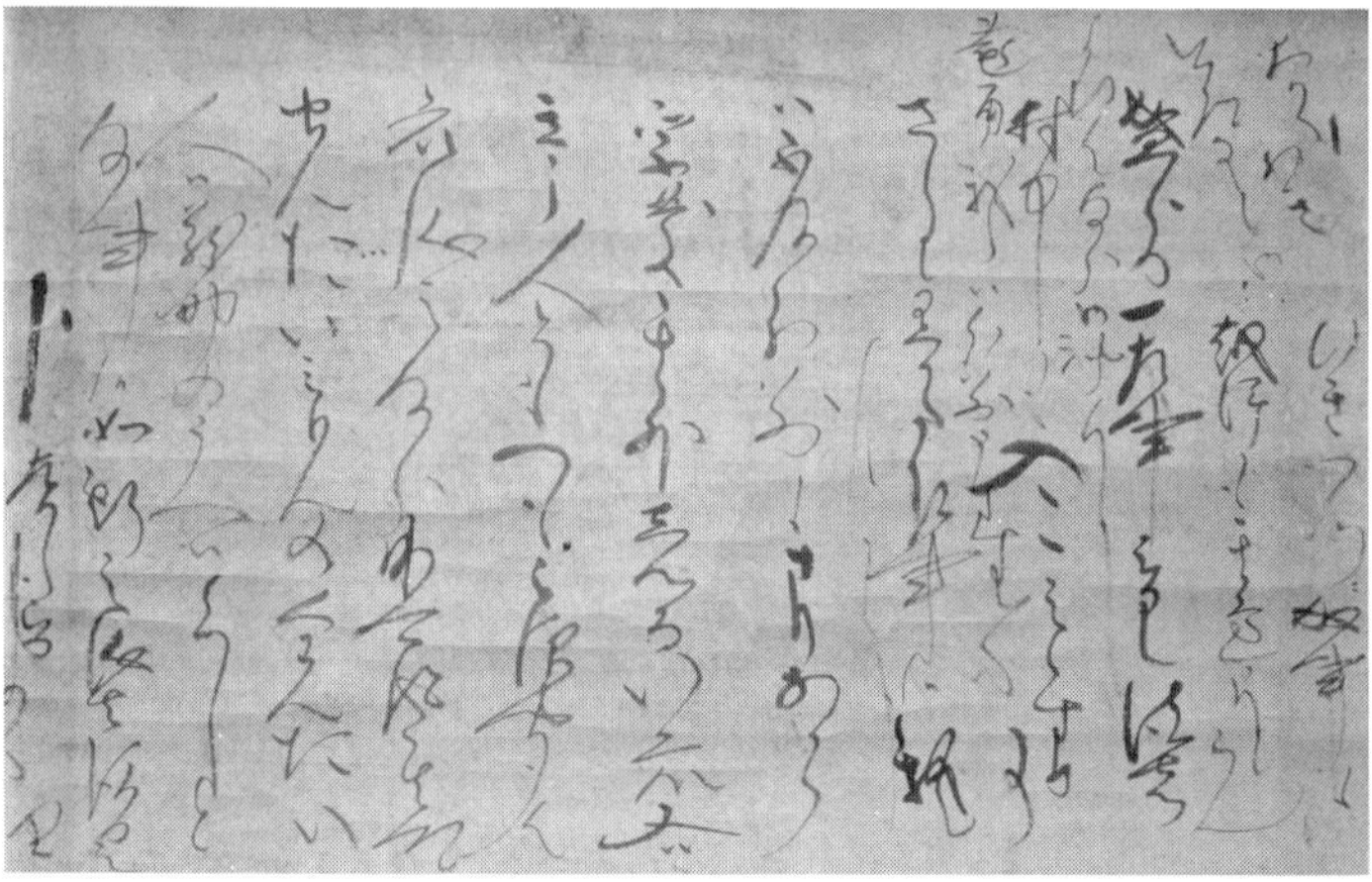

大村純忠自筆書状２（大村市歴史資料館蔵）

かしく
盛《もり》より一左《いっさ》事被レ申《こともうされ》候、彼者村中ニも入こミ候す
る事、さらに有かたき事候、我々ハ不レ及二分別一《ふんべつにおよばず》
候、さりなから宗慶《そうけい》其外しんるい衆、又はきう（給）人
ともへも被二仰聞一《おうせきかせられ》候て、衆議之存分承
可レ得二其段一《そのだんをうべく》候、せんたいミもん（前代未聞）のくわんたい（緩怠）候
へハ、蔵助《くらすけ》のうへハ候ハじと存事候、如レ斯《かくのごとき》之儀
は後日之

里《り》

卜左《さ》もし
申給へ《まいる》

前者はせうりんにたいし、猪を与えることを述べた他愛ないものである。後者は、松浦家に入嗣した実弟の盛からの書状に関連して、重臣の誰かに発したものかと思われるが、内容は当事者以外には十分意を把握できるものではない。署名《しょめい》の「里」とは、法名理専《りせん》の冒頭の「理」の偏を略し、旁《つくり》だけを記したものである。

他の残る一通も同様で、当事者以外にはよくわからない。

つぎに、いわゆる天正少年使節に託してローマ教皇、およびイエズス会総長に宛てた書状がある。ともに年代は西暦を用い、月日は日本のものを用いて記している。少年らが首途についた前日、すなわち天正十年（一五八二）一月二十七日付のものである。前者はすでに提示した。

つぎに「岩永覚《さとる》氏所蔵文書」天正十年九月十七日付、岩永和泉守宛理専《りせん》・信純《のぶずみ》連署書状がある。

このほか、『大村記』に年欠（天正二年カ）三月二十日付純忠書状が収録されている。内容一部に仮名混りがみられるが、ほぼ信頼することができる。さらに『新撰士系録』巻七の児玉姓針尾氏項に、元亀《げんき》五年三月二十八日付針尾伊賀守宛大村純忠書状が収録されている。内容は、「西目《にしめ》」（西彼杵半島か）が貴台の努力で静謐に帰したさいは、矢上《やがみ》村を給与するはずであるゆえ、いよいよ忠節をいたすよう、と彼に求めたものである。内容については問題はない。しかし記されている「元亀五年」という年代は実在しない。したがってこの史料は偽文書というべきであろう。

(イ)　起請文

天正四年（一五七六）六月十六日付、龍造寺隆信、鎮賢《しげまさ》宛理専起請文が「龍造寺文書」にみえる。純忠（当時理専）が、佐賀の龍造寺隆信・鎮賢父子にたいし、叛逆しないことを誓ったものである。

(ウ)　所領預置状

「富永トミ氏蔵文書」に、年月日欠富永彦四郎忠彦宛純忠所領預置状（断簡）がある。「三城七騎籠」

のさい活躍した富永氏にたいし、所領を給与したものであるが、何処の地をいかほど与えたかは不明である。

つぎに「岩永覚氏蔵文書」に、永禄十二年正月十八日付をもって、岩永和泉守忠茂に宛てて、純忠が藤津郡長野《なが の》村（鹿島市能古見字長野）を与えた所領預置状がある。すなわち、

長野村事、預遣《あずけつかわし》候、以㆓彼地㆒《かのちをもって》其方同心之衆配分候而《て》、弥《いよいよ》可㆑抽㆓《ぬきんず》忠節㆒事肝要候、恐々謹言、

永禄十二年

正月十八日　　純忠（花押）

岩永和泉守（忠茂）殿

とある。ちなみにこの史料は、純忠の家臣と知行地が、なお藤津郡にもあったことを示す。

(エ) 感　状

『郷村記』崎戸浦項、および『大村家覚書』二に、年月日欠であるが、小佐々弾正宛純忠感状が収録されている。両者文言に多少の相違がある等のことがあるが、ほぼ同一内容である。内容は平戸松浦氏の兵船が領内に侵入したさい、小佐々弾正が活躍して敵に損害を与えたことを褒めたものである。

以上純忠の発給文書は、書状六通、起請文一通、所領預置状二通が残存し、計九通にのぼる。このほか、諸書に収録されて信頼できる書状一通、感状一通を加えると、都合一一通となる。

これを豊後の戦国大名である大友宗麟と比較すると、彼の発給文書は一〇〇〇通を超える。その差はあまりにも大である。宗麟の発給文書においては、所領預置状がかなりの比重を占めるが、純忠の場合、これが著しく少ない。戦国大名として、配下の家臣の多少、およびその忠節のいかんが、両者の間にこのような相違をもたらしている。

この反面、宗麟の自筆状はほとんど認められないのにたいし、純忠には現存文書九通中、その三分の一にあたる三通にのぼる自筆状が伝存している。これは大友氏の場合、領国支配体制が充実し、多くの右筆《ゆうひつ》が設けられるという職制《しょくせい》の整備が進行したため、かえって領国主としての宗麟の自筆状が記されなかった。それにたいし、純忠の領国支配機構は、さきに述べたように、きわめて未熟であった。このため純忠自身執筆の機会が多かったものであろう。

あとがき

私事にわたるが、私は長崎生まれの大村育ちである。幼少の頃から大学に入るまでの二十年近くを大村の地ですごし、朝な夕なに風光明媚な大村湾を眺めてきたものである。いまふり返ってみて、時代もそうであるが、まことにのどかな少年時代であったように思う。

大村純忠については昭和三十年、松田毅一氏の『大村純忠伝』が出され、この刊行を機にして行われた同氏の純忠に関する講演を、大学の休暇で大村に帰郷中聴いた遠い思い出がある。しかし私は、大学を卒業するとともに、以後二十数年にわたって一貫して豊後大友氏の研究に専念した。いつかは純忠も手がけたいとは思いながら、大友氏の研究にある程度の目鼻をつけるまではと、久しく〝禁欲生活〟を続けてきた。ようやくその研究に一応の区切りをつけることができるようになった昨今、ある種の解放感を味わいながら、一気呵成に書き上げたのが本書である。私はむしろ本書を、緊張の中にも楽しみながら書き上げることができた。

松田毅一氏は純忠研究に先鞭をつけられたこの道の先学であって、敬意を表するにやぶさかではない。氏は専らキリシタンとしての純忠の側面からこれを把えられており、この点に同氏の著述の特色があるように思う。これにたいして、私のは同氏といささか視角を異にし、純忠の戦国大名としての本来のありかたに注目しつつ、全体像を把えようとしたものである。そして、できる限り客観的に叙述することにつとめた。またそれと共に、研究書としての水準を保ちながらも、内容はできるだけ咀しゃくして平易に記し、より多くの方々に理解していただけるように配慮したつもりである。ただその目的がどの程度達成されたかについては、読書の方々の御批判をまつ他はない。

本書をなすについては、恩師福尾猛市郎博士の御教示を得た他、史（資）料については吉田安弘、結城了悟、今井正之助、河野忠博、久田松和則の各氏に、また深草静雄、宮下栄、吉福清和の各氏には現地の調査で御苦労をいただいた。さらに県立長崎図書館、大村市立史料館には史料の閲覧等の御世話になった。厚く御礼を申し上げる。

本書の刊行については、以前から昵懇にさせていただいている誠実な静山社々長松岡幸雄氏に原稿を託し、いろいろと厄介な仕事を御願いした。同氏に深く謝意を表する次第である。

有馬氏系図

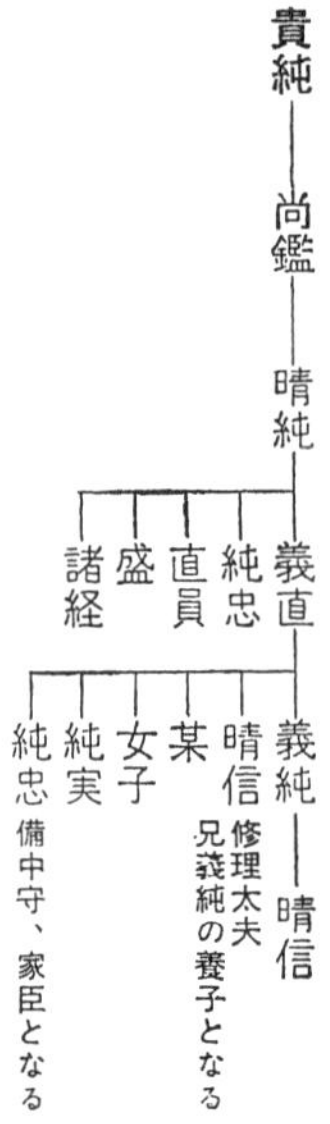
貴純
尚鑑
晴純
義直
純忠
直員
盛
諸経
義純
晴信
修理大夫
兄義純の養子となる
某
女子
純実
純忠
備中守、家臣となる
晴信

大村氏系図（A）

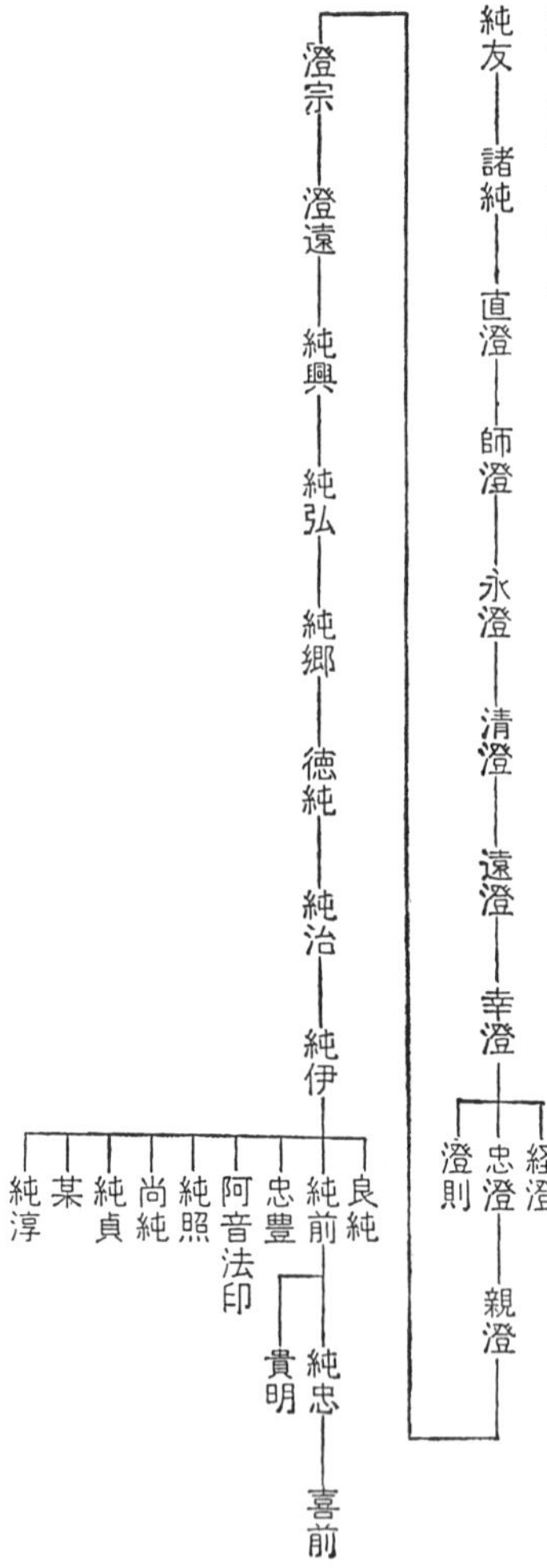
純友
諸純
直澄
師澄
永澄
清澄
遠澄
幸澄
経澄
忠澄
澄則
親澄
澄宗
澄遠
純興
純弘
純郷
徳純
純治
純伊
良純
純前
忠豊
阿音法印
純照
尚純
純貞
某
純淳
純忠
貫明
喜前

大村氏系図（B）

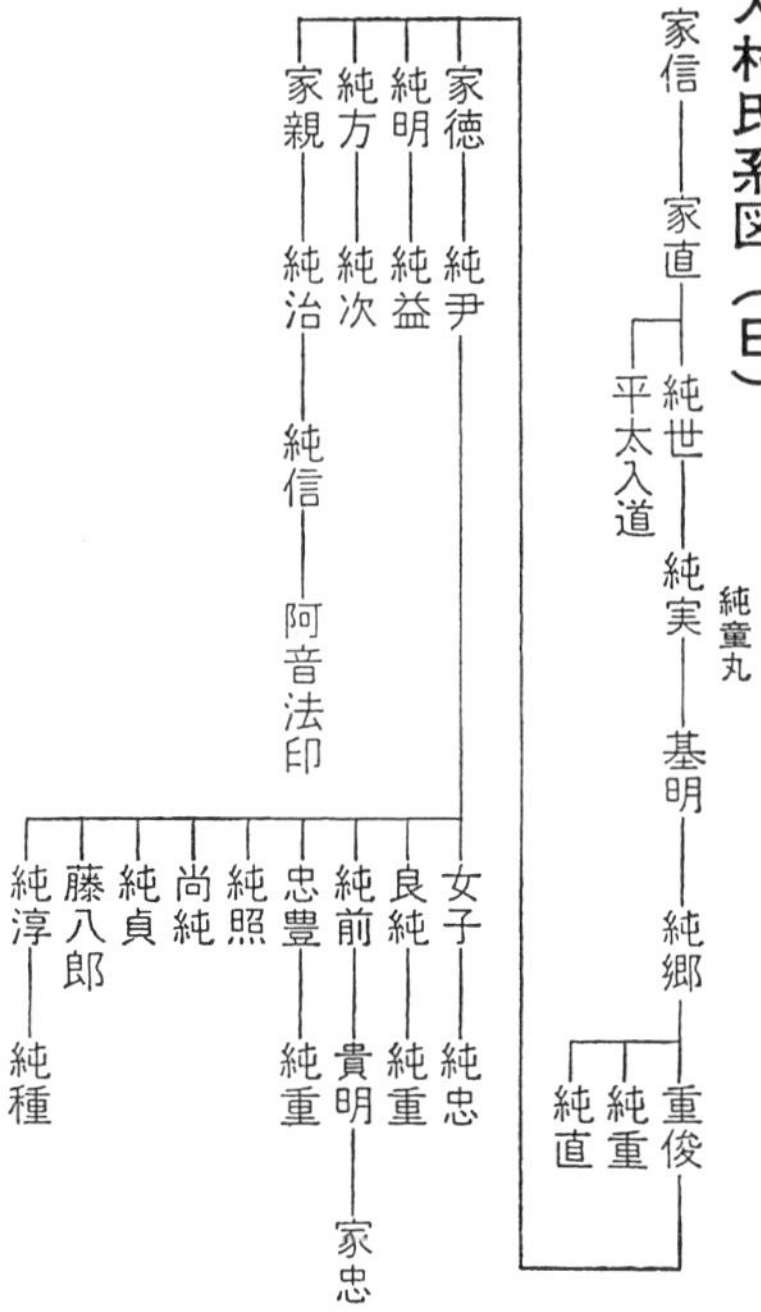

大村氏系図（C）

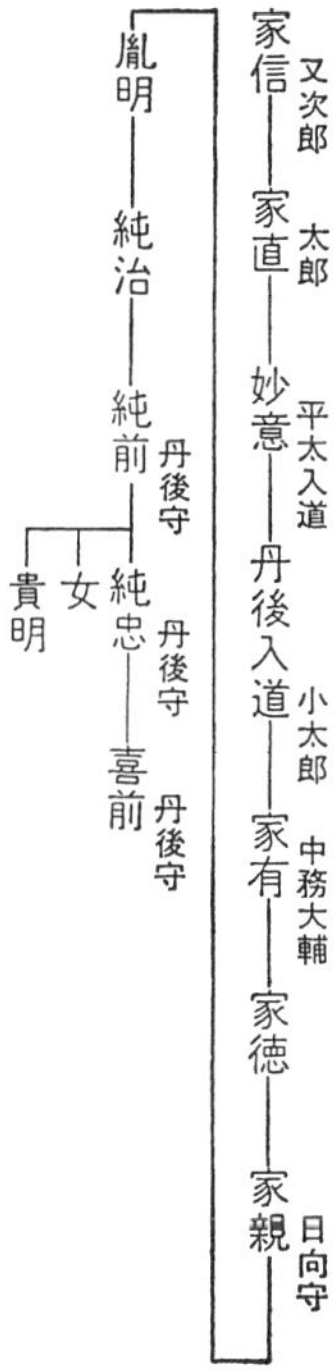

参考文献

（天正少年使節に関する論著、および長崎に関する論著・史料については膨大であるため、主要なものを記すに止める）

〈編著書〉
松田毅一『大村純忠伝』（大村純忠公伝記刊行会　昭30、復刻、教文館　昭53）
松田毅一『大村純忠公と長崎甚左衛門』（親和銀行済美会　昭45）
新村　出『天正遣欧使節記』（岩波書店　昭6）
松田毅一『天正少年使節』（角川書店　昭40）
吉田小五郎『キリシタン大名』（至文堂　昭41）
大村市史編纂委員会『大村市史』上巻（大村市役所　昭37）
外山幹夫・高島忠平『日本城郭大系』17長崎・佐賀（新人物往来社　昭55）
古賀十二郎『長崎開港史』（古賀十二郎遺稿刊行会　昭32）
岡本良知『十六世紀日欧交通史の研究』（六甲書房　昭17、復刻、原書房　昭49）
〈論文〉
外山幹夫「肥前大村・長崎両氏の出自と発展」（『九州中世社会の研究』昭56）

外山幹夫「大村純伊文明六年敗戦記事の虚構性――とくに『平家物語』との関係について――」(『大村史談』二〇号、昭56)
外山幹夫「いわゆる『キリシタン大名』の実相――大村純忠の受洗と出家をめぐって――」(『日本歴史』三八七号、昭55)
久田松和則「中世末期大村地方における神宮御師の活動について――新史料『宮後三頭太夫文書』を中心に――」(『大村史談』一二号、昭52)
永山時英「九州三侯遣欧使の帰朝と長崎の切支丹」(『長崎談叢』三輯、昭3)
岡本良知「天正使節評判記の一珍本」(『日本歴史』四五号、昭27)
松田毅一「天正遣欧使節の真相――特に伊東満所に就て――」(『史学雑誌』七四ノ十、昭40)
安野真幸「中世都市長崎の研究」(『日本歴史』三一〇号、昭49)
安野真幸「教会領寄進文書の研究」(『史学雑誌』八五ノ一、昭51)

〈史料〉

(ア)　大村家関係

『大村家文書』『大村家譜』『大村家記』『大村家覚書』『大村記』(『史籍雑纂』一)
『大村家秘録』(同前)『郷村記』(一部分刊)『新撰士系録』『藤原姓大村氏世系譜』

(イ)　その他日本側関係

『歴代鎮西要略』(『史籍集覧』)
『歴代鎮西志』

『北肥戦誌』（『九州治乱記』）（青潮社　昭48）
『橘姓渋江氏由来』
『長崎港草』（長崎文献社　昭48）

(ウ)　翻訳

ルイス＝フロイス／木下杢太郎訳『日本書簡』（第一書房　昭6）
ルイス＝フロイス『日本史』（柳谷武夫訳・平凡社、松田毅一・川崎桃太共訳・中央公論社）
ヨゼフ＝フランツ＝シュッテ編／佐久間正・出崎澄男共訳『大村キリシタン史料——アフォンソ＝デ＝ルセナの回想録』（キリシタン文化研究会　昭50）
村上直次郎訳注『イエズス会士日本通信、豊後・下編』上・下（雄松堂　昭44）
柳谷武夫編『イエズス会日本年報』上・下（雄松堂　昭44）
長崎市役所『長崎叢書』上（長崎市役所　大15、復刻、原書房　昭48）
長崎県史編纂委員会『長崎県史』史料編第三（吉川弘文館　昭41）
ワリニアーノ／松田毅一・佐久間正共編訳『日本巡察記』（桃源社　昭40）
東大史料編纂所『天正遣欧使節関係史料』一・二（東京大学出版会　昭34〜36）

外山幹夫著『大村純忠』再読

本馬貞夫

本書は、日本最初のキリシタン大名として知られる大村純忠の伝記で、純忠は長崎開港、天正遣欧使節派遣にも深く関与した。著者は中世史家・外山幹夫、一九八一年（昭和五十六）の静山社本を再刊したものである。

他に大村純忠についての主要な伝記として、松田毅一《きいち》による『大村純忠伝』（一九五五年、大村純忠公伝記刊行会）があげられる。まずは両書を比較することで、本書の特色および著者外山幹夫の意図するところを明確にしたい。

松田毅一著『大村純忠伝』

『大村純忠伝』は、大村藩主の子孫である大村純毅《すみたけ》大村市長らの依頼で、世界史につながる純忠の功績を顕彰する目的で書かれたものである。当時三〇代初めの気鋭のキリシタン史研究者・松田毅一は、ルイス・フロイス「日本史」はじめイエズス会宣教師の著作・書簡・報告、また欧文文献を駆使して執筆し、さらに地元大村の郷土史家の全面的な協力もあって、大村家・大村藩関係史料をも収集・参照した。総じてカトリックの視点からキリシタン大名・大村純忠像をまとめ上げたと思われる。その成果は最先端の日葡（ポルトガル）交渉史研究というべきものであった。

『大村純忠伝』の巻頭に、学界の重鎮・新村出の歌五首が掲載されているが、最初の歌は「程もよく　熟れたるメロン　一つきりて　バルトロメウを　おもいつゝたぶ」とある。バルトロメウは大村純忠の洗礼名である。

それでは『大村純忠伝』の内容を、その目次から概略紹介しよう。

第一章　大村家と純忠公
第二章　ポルトガル貿易とイエズス会士
第三章　横瀬浦時代
第四章　福田時代
第五章　長崎開港時代
第六章　晩年
第七章　純忠の生涯・功績
第八章　純忠の家族
第九章　喜前とキリシタン宗門

第十章　純忠の墓所
第十一章　天正十五年キリシタン追放令をめぐる二・三の問題
　　　――長崎寄進と寺社破壊の責任に就て

横瀬浦・福田・長崎は、平戸の後の大村領ポルトガル貿易港である。

外山幹夫著『大村純忠』

一方、外山幹夫著『大村純忠』の内容を、やはり目次を使って紹介したい。

Ⅰ　若き純忠の時代
Ⅱ　純忠の領国支配
Ⅲ　横瀬浦開港と純忠の受洗
Ⅳ　福田浦開港前後
Ⅴ　長崎開港と内憂外患
Ⅵ　教勢の発展と純忠の苦悩
Ⅶ　純忠の卒去とその歴史的位置
付録　大村氏の出自と発展

目次の中で「純忠の領国支配」が目につく。つまり、戦国大名である大村純忠がキリスト教に改宗したという総合的な純忠像を重視したわけである。著者は二〇年以上、豊後《ぶんご》大友氏の研究を続け、

『大友宗麟《そうりん》』（一九七五年、吉川弘文館『人物叢書』）を上梓した。さらに『大名領国形成過程の研究―豊後大友氏の場合―』（一九八三年、雄山閣）という代表論文集もある。

『大友宗麟』の目次を見ると、「第一　大友氏の発展と義鎮の性格、第二　領国の拡大、第三　領国支配の展開、第四　城下町と領国経済、第五　キリスト教をめぐる動き、第六　朝鮮・明との貿易と文化的趣向、第七　領国支配の動揺、第八　宗麟没後の大友氏」とあり、半ばが領国支配関連である。すなわち、キリスト教徒である前に領国を支配する戦国大名であるという視点は『大村純忠』にも通じている。

本書の「あとがき」にあるように、著者は長崎生まれの大村育ちである。故郷大村への思い入れは相当強い。「いつかは純忠も手がけたいとは思いながら、大友氏の研究にある程度の目鼻をつけるまではと、久しく〝禁欲生活〟を続けてきた。ようやくその研究に一応の区切りをつけることができるようになった昨今、ある種の解放感を味わいながら、一気呵成に書き上げたのが本書である」。執筆への意気込みが伝わってくる。

さて、純忠は島原半島（肥前《ひぜん》国高来《たかき》郡）の戦国大名である有馬氏からの養子として大村氏を継いだ。養父大村純前《すみさき》《すみあき》には実子又八郎がいたが、これを武雄の後藤氏へ養子（貴明）に出した。当時西肥前地方では有馬氏の勢力が大村氏を凌駕していて、その影響下にあったと考えられる。大村湾岸（同彼杵《そのぎ》郡）を本拠とした大村氏の直轄領は大名として脆弱、当然ながら家臣団の統制は困難をきわめた。おまけに後藤貴明に通じる配下の者たちもいて、事あるたびに純忠に反旗を翻した。大村領の南には諫《いさ》早《はや》西郷氏がおり、肥前国北部（松浦郡《まつうら》）には平戸松浦氏や唐津の波多氏がいた。

こうした経済的基盤の弱さ、領国支配の不安定さが、純忠の関心を対外貿易に向かわせ、ポルトガル船誘致につながった。平安時代末期からの貿易港だった平戸に当初ポルトガル船が入港し、いわゆる南蛮《なんばん》貿易の利益は平戸松浦《まつら》氏が掌握していたが、宮の前事件（ポルトガル船と平戸松浦氏家臣のトラブル殺傷事件）をきっかけに大村領の横瀬浦に入港するようになった。イエズス会の日本布教長・トーレス神父の指示という。そのトーレス神父により横瀬浦に建てられた教会で純忠は受洗した。ドン・バルトロメウの誕生である。ドンは貴人への敬称。

大村氏には大友氏と違って戦国期の一次史料が少なく、著者は純忠の生涯を「大村家記」「大村家覚書」「郷村記」など江戸時代の大村藩史料を使って組み立て、並行して翻訳が進んでいたイエズス会宣教師の書簡・著作物も活用した。ルイス・フロイス『日本史』、『大村キリシタン史料―アルフォンソ・デ・ルセナの回想録』などである。

徳川政権によるキリスト教禁制下にあって、大村藩の編纂史料は大村家とキリスト教の結び付きを薄める方向で書かれている。純忠の子で初代藩主の喜前《よしあき》が日蓮宗に改宗して、キリシタンを弾圧する側に変わったことも大きい。

また、イエズス会関係史料は同時代の史料ではあるが、キリスト教の教義、イエズス会の布教などの分野では吟味を要し、キリシタン大名と異教徒の大名では表現・表記がまったく異なっている。以上のような史料的制約を踏まえて、著者は実証主義の立場から執筆を進めたと思われる。

結城神父との論争

次に、大村純忠の受洗・出家をめぐる著者と結城《ゆうき》了悟《りようご》神父の興味深い論争を紹介したい。結城神父はイエズス会司祭、日本二十六聖人記念館初代館長で、一九七八年スペインから日本に帰化して結城了悟を名乗った。通称パチェコ神父ともいい、キリシタン史研究者として日欧双方の史料・文献の読解に大変優れていた。

『大村純忠』刊行の前年、吉川弘文館『日本歴史　三八七号』の巻頭論文に外山幹夫の「いわゆる「キリシタン大名」の実相―大村純忠の受洗と出家をめぐって―」が掲載された。

ほぼ同じ内容が『大村純忠』にも記されているが、主な論点は次のとおりである。

純忠は布教長・トーレス神父に対して受洗後も「なお従来からの神仏崇拝を認めるよう求めたものと思う（外山）」。これに対してトーレス神父は「キリスト教の教義に照らして本来認められるものではなかった」が、純忠が大名の地位にあることに配慮して妥協したと考えられる。

また、純忠は受洗後に出家して「理専」という法名を名乗っていた。これは東肥前の大大名である竜造寺隆信に提出した「理専」署名の起請文によって裏付けられる。さらに伊勢神宮に初穂料として銭その他の品を献じているが、その中にポルトガル貿易で得た輸入品も含まれていた。

純忠にはキリスト教と神仏を同時崇拝した時期があり、ここに初期の日本的なキリスト教のあり方がみえる。「キリシタン大名」なる概念も「わが国風土の中に育まれ、神仏崇拝の歴史の重みを深く背負った存在であることを理解すべきであろう」。

結城神父の反論は、翌一九八一年長崎史談会『長崎談叢　六十四輯』に掲載された。神父は言う。神仏崇拝についてトーレス神父が妥協したというのは仮説であり、非歴史的な点がある。トーレス神父は「政治家としての行動を認めるが、決して純忠が神仏崇拝を守ることを許していない」。法名「理専」については、仏教に帰依する出家ではなく隠居として使ったものである。『日葡辞書』にも「家をいずる」或いは「世を捨てる」とある。一六一四年マカオに追放されるまで三十数年大村の住院（レジデンシア）に居たルセナ神父が、回想録で純忠のことを「ドン・バルトロメオ理専という殿」と記している。この「理専」に仏教に帰依という意味はない。法名を名乗るのは日本の風俗である。伊勢神宮のお札を受け、献上品を奉納したのも、純忠の知識が浅い段階では、そうした日本の習慣が許されないことをよく知らなかった。

神父は純忠のことを「晩年には、その信仰は立派に出来ていた」「心からなるキリスト信者であったと思っている」と高く評価している。

早速翌年の『長崎談叢　六十五輯』には、外山幹夫の「大村純忠の信仰をめぐって―結城神父の批判に答える―」が掲載された。

最初に『大村純忠』執筆の意図がまとめられており、くどいようだが紹介しておく。「キリシタンとしての側面のみが強調されてきた純忠について、戦国大名としての彼の本来の基本問題を中心に据え、その上に立って、改めて信仰問題について独自の見解を示し、偶像視されがちであった純忠を客観的に把え《ママ》直すことを意図したものであった」。松田毅一著『大村純忠伝』への対抗意識もほのかに浮かぶ。

神仏崇拝についてトーレス神父の妥協があったという推論は、十分な傍証の上に立って展開したものである。非歴史的ではない。江戸時代の史料といっても価値は非常に高いと考える。対して宣教師の史料は同時代のものではあっても感情導入が著しいところがあり、すべて鵜呑みにはできない。法名「理専」を使うということは仏教に帰依したからであって、単なる隠居ではない。純忠は天正十四年（一五八六）の秋頃家督を喜前に譲って隠居している、と反論した。結局、日・欧どちらの史料を、より重視するか、という立場の問題もからんでいる。

問題提起

外山幹夫という歴史家は論争をいとわない。自らの実証主義研究に自信を持ち、ときに衝突する。大村氏の領国支配に続いて、松浦氏・有馬氏の領国支配についての論考も執筆しており、実証的研究姿勢は徹底していた。今日なお問題提起がいくつか残っているので、二つほど紹介しておきたい。

『もう一つの維新史―長崎・大村藩の場合―』（一九九三年、新潮選書）に幕末大村騒動に関する新説が提示されている。通説は松林飯山《まつばやしはんざん》という勤王派の儒学者が佐幕派に惨殺され、家老・針尾九左衛門も重傷を負い、これをきっかけに佐幕派が一掃されて大村藩が勤王でまとまったという騒動である。これに対し「福田頼蔵日記」などをもとに飯山を暗殺したのは勤王派の中心人物・渡辺昇ではないかと推定した。彼は明治政府の高官・子爵となった人物だけに、地元大村の郷土史界に衝撃が走った。

その後、二〇一五年（平成二十七）に発行された『新編大村市史　近世編』は通説どおりに「大村藩未曾有の惨事であったが、そのためかえって藩の士気は大いに面目を一新し、改革派同盟はいよいよ結束し、藩の主導権を確立して、倒幕運動に邁進することになった」（藤野　保）と記されている。

もう一つは、一九八二年に発見し、自著『中世九州社会史の研究』（一九八六年、吉川弘文館）に付録として登載・紹介した「福田文書」のことである。長崎港外福田の在地領主・福田氏に関わる中世文書だが、原文書は存在せず、「熊野氏系図證文譲状写」と題する大正期の写し（一冊）が伝えられてきた。

発見から四〇年、これまで新出史料として引用される一方、検討の余地があると注記され、はっきり偽文書と指摘されたこともある。現在は寄贈され、長崎歴史文化博物館に重要資料として架蔵されている。研究の進展・解明を待ちたい。

（長崎県長崎学アドバイザー）

本書の原本は、一九八一年に静山社より刊行されました。

著者略歴
一九三二年　長崎市に生まれる
一九六一年　広島大学大学院博士課程国史専攻単位修了
佐世保工業高等専門学校助教授、長崎大学教育学部教授、長崎県立シーボルト大学教授などを歴任
二〇一三年　没

〔主要著書〕
『大友宗麟』（吉川弘文館、一九七五年）、『長崎奉行』（中公新書、一九八八年）、『中世長崎の基礎的研究』（思文閣出版、二〇一一年）『長崎史の実像　外山幹夫遺稿集』（長崎文献社、二〇一三年）

読みなおす日本史

大村純忠

二〇二二年（令和四）六月二十日　第一刷発行

著　者　外《と》山《やま》幹《みき》夫《お》
発行者　吉川道郎
発行所　株式会社吉川弘文館
郵便番号一一三―〇〇三三
東京都文京区本郷七丁目二番八号
電話〇三―三八一三―九一五一〈代表〉
振替口座〇〇一〇〇―五―二四四
http://www.yoshikawa-k.co.jp/
組版＝株式会社キャップス
印刷＝藤原印刷株式会社
製本＝ナショナル製本協同組合
装幀＝渡邉雄哉

ISBN978-4-642-07513-8

刊行のことば

現代社会では、膨大な数の新刊図書が日々書店に並んでいます。昨今の電子書籍を含めますと、一人の読者が書名すら目にすることができないほどとなっています。ましてや、数年以前に刊行された本は書店の店頭に並ぶことも少なく、良書でありながらめぐり会うことのできない例は、日常的なことになっています。

人文書、とりわけ小社が専門とする歴史書におきましても、広く学界共通の財産として参照されるべきものとなっているにもかかわらず、その多くが現在では市場に出回らず入手、講読に時間と手間がかかるようになってしまっています。歴史の面白さを伝える図書を、読者の手元に届けることができないことは、歴史書出版の一翼を担う小社としても遺憾とするところです。

そこで、良書の発掘を通して、読者と図書をめぐる豊かな関係に寄与すべく、シリーズ「読みなおす日本史」を刊行いたします。本シリーズは、既刊の日本史関係書のなかから、研究の進展に今も寄与し続けているとともに、現在も広く読者に訴える力を有している良書を精選し順次定期的に刊行するものです。これらの知の文化遺産が、ゆるぎない視点からことの本質を説き続ける、確かな水先案内として迎えられることを切に願ってやみません。

二〇一二年四月

吉川弘文館

読みなおす
日本史

地理から見た信長・秀吉・家康の戦略　足利健亮著　二二〇〇円

神々の系譜 日本神話の謎　松前　健著　二四〇〇円

古代日本と北の海みち　新野直吉著　二二〇〇円

白鳥になった皇子 古事記　直木孝次郎著　二二〇〇円

島国の原像　水野正好著　二四〇〇円

入道殿下の物語 大鏡　益田　宗著　二二〇〇円

中世京都と祇園祭 疫病と都市の生活　脇田晴子著　二二〇〇円

吉野の霧 太平記　桜井好朗著　二二〇〇円

日本海海戦の真実　野村　實著　二二〇〇円

古代の恋愛生活 万葉集の恋歌を読む　古橋信孝著　二四〇〇円

木曽義仲　下出積與著　二二〇〇円

足利義政と東山文化　河合正治著　二二〇〇円

僧兵盛衰記　渡辺守順著　二二〇〇円

朝倉氏と戦国村一乗谷　松原信之著　二二〇〇円

本居宣長 近世国学の成立　芳賀　登著　二二〇〇円

江戸の蔵書家たち　岡村敬二著　二四〇〇円

古地図からみた古代日本 土地制度と景観　金田章裕著　二二〇〇円

「うつわ」を食らう 日本人と食事の文化　神崎宣武著　二二〇〇円

角倉素庵　林屋辰三郎著　二二〇〇円

江戸の親子 父親が子どもを育てた時代　太田素子著　二二〇〇円

埋もれた江戸 東大の地下の大名屋敷　藤本　強著　二五〇〇円

真田松代藩の財政改革 『日暮硯』と恩田杢　笠谷和比古著　二二〇〇円

吉川弘文館
（価格は税別）